DOS NOVELAS CORTAS

UNAMUNO

DOS NOVELAS CORTAS

San Manuel Bueno, mártir
Nada menos que todo un hombre

Selected and Edited by

James Russell Stamm
NEW YORK UNIVERSITY

Herbert Eugene Isar
INDIANA UNIVERSITY OF PENNSYLVANIA

JOHN WILEY & SONS

New York • Chichester • Brisbane • Toronto • Singapore

Edition authorized
by
Sr. Arq. D. Fernando de Unamuno, son of the author

Frontispiece reproduced courtesy of
The Hispanic Society of America

Cover design and illustration
by James F. Armstrong

CONTENTS

INTRODUCTION

Dios planta un secreto en el alma de cada uno de los hombres, y tanto más hondamente cuanto más quiera a cada hombre; es decir, cuanto más hombre le haga. Y para plantarlo nos labra el alma con la afilada laya de la tribulación.[1]

This phrase, which the Spaniard Miguel de Unamuno y Jugo wrote in his study in the ancient university town of Salamanca in 1906, may serve as a key to an understanding of Unamuno's varied literary production and to the character of Unamuno himself. It is his unusual talent to penetrate, in his poetry, in his novels, in his essays, and in his works of philosophy and literary criticism, beyond the level of appearances and superficial values to that secret which is the essence of the time, place, or person of whom he writes. As a novelist, Unamuno is never concerned with the external trappings of his characters; their features, their clothing, or their mannerisms. What he seeks is that deeper knowledge, their "secret of the soul."

Unamuno gives a description of his uniquely insighted creative method in his prologue to *Tres novelas ejemplares*, from which *Nada menos que todo un hombre* is taken:

Reader, if you wish to create living figures through art, tragic agonists or comics or novelesque figures, don't accumulate details, don't set yourself to observing external aspects of those who share your life. Rather, converse with them, stimulate them if you can; above all, love them and wait

[1] "El Secreto de la vida," *Obras completas* (Madrid, Afrodisio Aguado, S.A., 1951–1952), III, p. 720.

Editors' note: All quotations are from the indicated works of Unamuno, and all translations have been made by the editors, unless otherwise specified.

until one day—perhaps never—when they expose the soul of their soul, the person they wish to be, in a cry, in an act, in a phrase. And then hold onto that moment, bury it within yourself, and allow it to grow and develop like a seed, into the true person, the person who is truly real.[1]

Unamuno wishes thus to establish for himself and for the reader a relationship to his characters which is far more intimate— hence more completely spiritual—than the objective, essentially third-person relationship which would satisfy the authors of less intense works.

This disinterest in external appearance is found in all of Unamuno's writing. There is little description of nature or of physical geography to be found even in those works which would seem most definitely to require it: his poetry, and two major collections of travel impressions, *Andanzas y visiones españolas* and *Por tierras de Portugal y España*. It might be said that Unamuno lacks the painter's eye. He is essentially unresponsive to shapes, forms, and colors. His language becomes curiously flat and conventional when he attempts to describe a scene or an object in terms of its visual qualities. He is responsive, and very deeply so, to historical and literary overtones of cities, towns, and countryside. He reacts strongly to the mood and atmosphere of places and moments. When Unamuno describes a city or a vineyard or a sunset, we are usually given not the visual or "surface" impression, but rather the effect which the experience has on the "intimate reality" of the author himself, and the literary or historical associations which it brings to his mind. This insensitivity on the level of appearance does not imply that Unamuno fails to achieve a strong emotional or dramatic effect in his poetry, his novels, and his works of regional travel. He achieves a heightened dramatic or emotional impression through penetrating deeply and intuitively at strategic points, rather than through scanning the surface of landscapes, situations, or characters for external symbols.

---

[1] *Tres novelas ejemplares y un prólogo*, Colección Austral no. 70 (Madrid, Espasa-Calpe, 1941), "Prólogo," Part IV, p. 20.

Unamuno's theory and practice of artistic creation are based upon a sort of introspection which cannot be called self-analysis or autobiography in any meaningful sense. He reveals the creative source of his novels in the following terms:

> It is one thing that all of my fictional characters, all of my "agonists" have been drawn from my soul, from my intimate reality—which is a whole village of characters—, and something else again that they should *be* myself. For who am I? Who is the man who signs his name Miguel de Unamuno? Of course . . . one of my characters, one of my creations, one of my "agonists." And this final, intimate, and supreme "I," this transcendental or immanent "I"—who is he? God knows . . . Perhaps God knows[1]. . .

In terms of style and language, Unamuno is strongly individualistic. A great conversationalist and lover of informal talk, he frequently uses the same techniques of repetition and emphasis in his writing that speech tends to employ. Even the essays which contain Unamuno's most profound thought and gravest philosophical considerations avoid pedantry and formalism. Paradox, contradiction, anecdotes, puns, all of these are used from time to time to bring to his writing the fluidity and vivacity of good conversation. More significant, perhaps, than the unique style of his prose is the breadth of his knowledge of language, literature, philosophy, and theology. No Spaniard of his generation had read more widely or in more varied fields than he. In addition to his professional knowledge of Greek and Latin and a thorough understanding of Spanish literature, he learned German to read Hegel and Goethe, English to read William James, Shakespeare, and Walt Whitman, Danish to read Kierkegaard.

His early interest in Kierkegaard and his reading knowledge of Danish place him as one of the first scholars of the Romance-speaking world to become acquainted with the works of the nineteenth-century theologian and, through Kierkegaard, with

[1] Ibid. p. 19.

the current of thought which is presently known as Existential-ism. Unamuno did not derive his ideas and his philosophic orientation from Kierkegaard; rather, he found in the Danish writer's work a similarity of thought which reaffirmed his own position on fundamental questions of life, death, and Man's place in the universe. A good example of this coincidental agreement may be found in the prologue to *San Manuel Bueno, mártir*. Some months after he had written the novel, Unamuno tells us, he was reading Kierkegaard's *Either/Or* and came across the following passage:

> It would be the greatest possible joke on the world if one who had ex-pounded the most profound of truths were not a dreamer, but a doubter. And it is not unthinkable that no one should be able to expound ultimate truth so perfectly as a doubter . . . He would be expounding a doctrine which might resolve everything, in which mankind could have confidence; but that doctrine would not be capable of resolving anything at all for its own author.[1]

This speculation is very close to the theme of *San Manuel Bueno, mártir*, but in fact it is not necessary to look outside of Unamuno's own work to find the source of the novel. The story of the priest who is unable to believe is a literary projection of Unamuno's major philosophical work, *Del sentimiento trágico de la vida*, published almost twenty years earlier in Madrid. The "tragic sense of life" is precisely the conflict between faith and doubt, the head and the heart, reason and Man's most profound emotional needs, which is given literary expression in the lifelong martyrdom of Don Manuel.

*   *   *

Unamuno, a Basque, was born in the busy and prosperous port-city of Bilbao in 1864. He entered the University of Madrid in 1880 and took his doctoral degree in Philosophy and Ancient

---

[1] *San Manuel Bueno, mártir y tres historias más*, Colección Austral no. 254 (Madrid, Espasa-Calpe, 1932), "Prólogo," p. 20.

Languages four years later, at the age of twenty. Only a few details are known of a period of nearly seven years which followed his graduation. He returned to his *patria chica*, the Basque country of northern Spain, taught and tutored privately, married, wrote articles for a local newspaper, which were later collected and published under the title *De mi país*, and began his first novel, *Paz en la guerra*. This novel is not typical of Unamuno's later work. The theme is historical; the novel concerns events of the Second Carlist War, a civil war which was fought during Unamuno's childhood, in the years 1870–1876. The period following his return to northern Spain was also one of continuing self-education, in which Unamuno spent much time in the study of foreign languages, read widely, and absorbed many of the philosophic ideas then current in European thought, some of which are reflected in his subsequent essays and novels.

In 1891, Unamuno obtained an appointment by competitive examination as Professor of Greek at the University of Salamanca, and it is this city of western Castile that became Unamuno's home and the center of his life, thought, and literary activity. In addition to teaching Greek, he was asked to teach Romance philology, the study of the derivation of the modern Romance languages from Latin and other sources. The learning which he acquired in this field is shown in his frequent use of the etymologies of words, in his choice of verbal symbols, and in his choice of personal and place names. His academic career was somewhat more than moderately successful. While he produced no outstanding students and published nothing of importance in the field of classical studies, his classes were well attended, and in 1901 he was appointed Rector of the University.

In other dimensions, Unamuno was beginning to emerge as a figure of importance in the political life of Spain. His first significant work in this field was a series of essays devoted to an analysis of the contemporary decadence of Spain. These essays were published in 1895 under the title *En torno al casticismo*. In them, Unamuno examines the state of health of his country from his typically intimate, subjective, paradoxical, sometimes whimsical point of view. He is primarily concerned with the extremes of traditionalism and radical social thought which had split the Spanish nation into cliques and belligerent, mutually hostile camps, and had rendered the nation as a whole impotent to meet its internal crises and its external challenges.

The political crisis in Spain in the last quarter of the nineteenth century had manifested itself not only in specific and local problems of policy and administration, but also in the general failure of Spain's ruling class to provide real and effective leadership. The crucial political question of this period might be put in these terms: should Spain retain its ancient spiritual, geographical, and commercial isolation from the rest of Europe, retain its traditional modes of thought and its feudal social stratification (the position of the *casticistas*), or should Spain open itself to the wholesale importation of European influences, which would demand radical social, technological, and intellectual innovations (the position of the "Europeanizers"). Unamuno sees the solution for Spain in neither extreme, but rather in a rejuvenation of he country by a new generation of "Europeanized Spaniards"— force which would revere and preserve Spain's traditions while revitalizing and modernizing its national life.

En torno al casticismo met with a reception which justified Unamuno's charges that the nation had fallen into a state of apathy and lethargy which bordered on the catatonic. His position was treated with disdain by those liberals who could not share Unamuno's reverence for the past and its values, and with hostility by the diehard traditionalists who resented any proposal for social and cultural reform. A far stronger stimulus than literary attack was needed to jolt the Spanish people into an awareness of the long-term decline which the national life of Spain had suffered. This stimulus was not long in coming. In the Spanish-American war of 1898, occurring only three years after the publication of Unamuno's essays, Spain lost Cuba, Puerto Rico, Guam, and the Philippine Islands to the United States and was forced to a bitter realization of its decadence as a world power. This last blow was the culmination of a dismal spiral of major and minor defeats which had begun in the sixteenth century with acute economic disorientation and loss of the Armada in Spain's war with England, continued with the gradual decline of economic, military, and naval power, and reached unprecedented depths of national humiliation with the occupation of Spain by Napoleonic troops in the early years of the nineteenth century. In the first two decades of that century, Spain lost its American colonies one by one and finally experienced this ultimate defeat on land and sea by the youthful American nation.

Following the war of 1898 a special prominence fell to the few Spanish intellectuals who had perceived the signs of decadence and who had, in their own ways, tried to stir the national consciousness to some constructive activity. The impact of this defeat made clear to all the failure of Spain to maintain its place in the modern world and, as a side effect, gave rise to a literary movement which came to be known as the "generation of '98." The term itself is little more than a handy misnomer, since no program of regeneration was put forth by the writers as a group; they had little agreement as to what should or could be done to repair the disasters which Spanish prestige and self-respect had suffered, and its members felt little real identity with each other. The group includes, however, the outstanding figures of an important literary renascence in Spain at the turn of the century: Valle-Inclán, Azorín, Benavente, Unamuno, Maeztu, and Pío Baroja.

Unamuno has perhaps a closer spiritual connection with one writer who cannot be connected with the "generation of '98"—he died in that year—than with any of the writers who make up that group. Ángel Ganivet, the tragic figure whose suicide marked the end not only of a promising political and literary career, but of a fruitful and insighted correspondence with Unamuno as well, added his personal defeat and resignation to the defeat of Spain in its claims for world power. Ganivet's *Idearium español*, published in 1897, the year following the publication of *En torno al casticismo*, expressed much the same diagnosis of national apathy (in Ganivet's terminology, *abulia*, "loss of will power") that Unamuno had perceived. The major difference in the two works lies in the differing points of view which are taken. Ganivet analyzes Spain's sickness in terms of its history and its physical isolation from the rest of Europe, while Unamuno looks to the spiritual, psychological, and emotional state of the Spanish consciousness. Both are concerned with the failure of Spain to rise to the challenge of greatness which the discovery and colonization of the New World had thrust upon it.

Not all of the members of the "generation of '98" saw the tragedy of the decline of the Spanish nation and the complexity of its position as early or as clearly as did Ganivet and Unamuno, but all of them felt the shock of that final defeat deeply, and they were moved by some mechanism of compensation to a new and vigorous literary life. In a number of politico-moral essays which followed the war, Unamuno examines the possibilities which remain for Spain in the modern world. He sees no hope in the self-pitying contemplation of past glories to which many of the traditionalists were addicted, and he sees any militaristic revival of the *conquistador* spirit as impossible in Spain's impoverished state. Worse yet is the alternative of a blind dedication to material progress and a wholesale industrialization of the country which many of the "Europeanizers" had begun to preach. Progress, Unamuno feels, can never be an end in itself; it can only be a means. And a means to what? He feels that the means itself might very possibly destroy positive values of individualism and integrity which constitute an important part of the "Spanishness" of the people:

It is a horrible thing, this sort of moral suicide of individuals on the altar of collectivity. To sacrifice each and every Spaniard to Spain—is that not pure pagan idolatry? There is no idea, however great it may be, which is worth the internal peace of the village, the true peace, the fullness of the life of the people. The individual destiny of man, since it matters to each and every human being, is the most human thing that exists.[1]

[1] "La Vida es sueño," *Obras completas*, III, pp. 201–202.

It is the *pueblo*, not the *nación* which matters to Unamuno, and the symbol of Spain should be not Don Quijote, he feels, but Alonso Quijano el bueno, cured at last of his mad dreams of going forth as a voluntary and chivalrous champion to right the wrongs of this world. Or better, the symbol might be Sancho Panza, whose simplicity and faith enshrine the wisdom and fortitude of the *pueblo español*.

The skepticism in which Unamuno holds the doctrine of Progress is reflected in much of his work, and there are echoes of it in *San Manuel Bueno, mártir*. This skepticism, however, is not the horror which the arch-conservative feels toward social reform, nor is it, in his case, a pessimistic defeatism. He distrusts all formulas, and particularly doctrines which would tend to convert the individual into a unit of a mass movement. The only real hope for Spain, he feels, lies in a regeneration of public morality and a positive rejuvenation of the Spanish spirit.

Unamuno reaffirms and expands these views in two essays written in 1900; *¡Adentro!* and *La fe*. He elevates integrity, moral creativity, and individual self-cultivation to a moral level not really inferior to the ethic expressed in Aristotle's letter to Nicomachus, or in Marcus Aurelius' *Meditations*. His ethical formulation, given briefly in the last paragraph of *¡Adentro!* is:

Instead of saying Onward! or Upward! say Inward! Concentrate your being so that you radiate; allow yourself to be filled so that you overflow, conserving always the spring and source. Withdraw into yourself in order to give yourself to others entire and undivided. "I give all that I have," says the generous man. "I give all that I am," says the hero. "I give my very self," says the saint; you must say it with him, and, as you give yourself, "I give the entire universe along with myself." To do this, you must make yourself the universe, searching for it within. Inward![1]

Unamuno was appointed Rector of the University of Salamanca in 1901 and continued to write prolifically in many forms and on many subjects. Among his works of this period are novels

[1] "¡Adentro!" *Obras completas*, III, p. 216.

(*Amor y pedagogía, Niebla*); literary criticism and analysis (*Vida de Don Quijote y Sancho*); poetry (*Poesías, Rosario de sonetos líricos*); essays (*Contra esto y aquello*); and his major work of philosophy, *Del sentimiento trágico de la vida.*

In the *Sentimiento trágico*, Unamuno gives the clearest and most profound analysis to be found in his work of what he conceives to be the "human problem." Stated simply, the problem is this: Man is born to die and must somehow come to terms with this ultimate extinction of the self that he has created through his loves, his fears, his faith, and his actions. If there is *only* death, extinction, nothingness at the end of life, then life itself is utterly pointless, and without real value. The heart tells us that this cannot be so, that there *must* be something beyond death, some survival of the self that we have made. And yet reason answers coldly that we have no proof, that we can't *know* that there is anything beyond, that we can only hope and perhaps delude ourselves into believing. Some men seek to perpetuate themselves, to live beyond the limits of their numbered days, through fame and glory or great works of art. Some seek survival through their children, thus "keeping their name alive." And many, many seek immortality through religion. But to all, says Unamuno, must come that moment of doubt, that icy premonition of extinction, of nothingness which renders life hopeless and meaningless, and against which no belief or faith is proof. This is the abyss which terrifies the soul, which nullifies human life and reduces our human aspirations to absurdity.

Man cannot live in human dignity without the conviction that what he is, what he does, and what he creates have enduring purpose and value. All of man's monuments, however, are no more than the endless busy work of the ant, the mightiest mansions of the human soul have no more meaning than an anthill in the dust, unless man-the-creator somehow survives the grave. It is not enough to survive "in name only" through one's offspring, and it is not enough to survive in the memory of others through one's exploits or creations. What man seeks, and is by his very nature bound to seek, is personal immortality. It is only this immortality that can give meaning to his life and his works; thus, in Unamuno's thought, the values one has created through living can only receive their corroboration and validity through death and subsequent immortality.

The problem, however, is not left on the simple level of an affirmation or denial of man's immortality. If we deny the possibility of a life after death, we are left with *nothing*, not even a problem. But if we entertain some hope, some faith in survival, what sort of survival will it be? Unamuno finds personally meaningless the doctrine, which parallels some oriental theologies, of the absorption of the soul into God after death, often symbolized in the metaphor of a stream running along a twisted and laborious path down to the ocean, merging at last with the source of all waters, losing itself in the deep, and forgetting even the tiresome journey that led it to fulfillment.

But the soul, my soul at least, longs for something else, not absorption, not quietude, not peace, not extinction, but rather eternal approaching without ever arriving, endless yearning, eternal hope which eternally renews itself without ever resolving itself completely. . . . Or, in summation, if nothing remains there of the intimate tragedy of the soul, what kind of life is that?[1]

The solution which Unamuno finds to the "human problem" is a pragmatic one in its final resolution, just as the problem itself is essentially pragmatic. Toward the end of the *Sentimiento trágico* he restates the problem in these terms:

One *must* believe in the other life, in the eternal life beyond the grave, and in an individual and personal life . . . One *must* believe in that other life to be able to live this one, to bear it and give it meaning and finality.[2]

Thus the problem is not that of learning an objective truth about

[1] *Del sentimiento trágico de la vida,* 4th ed. (Madrid, Renacimiento, 1931), p. 255.
[2] Ibid. p. 257.

the universe or creation, but rather of fulfilling by a positive act of the will a moral necessity in our lives.

The following year, 1914, was one of importance in Unamuno's life. He was relieved of his post as Rector of the University for political, not academic, reasons, and his third novel, *Niebla (Mist)* was published. These events illustrate two important aspects of Unamuno's career: in the world of Spanish politics, his voice was being heard and his opinions felt through his continual polemics against both traditionalist and modernist factions, and his creative skill as a novelist was being exercised. In the first case, as an essayist concerned with the political problems which Spain was facing, Unamuno had never ceased to provide a sort of "loyal opposition" to the Spanish regime. He seems to have conceived of himself as a sort of public conscience in this field; he does not advocate specific policies or projects, but rather cries out for the moral and spiritual rejuvenation of the Spanish people, as a necessary prelude to a positive reform of the government. In the face of his prolonged and generalized criticism, the government struck back in the only way it could—by relieving him of his official university post.

In the second case, Unamuno's third novel was a departure from his previous literary style and subject matter. *Paz en la guerra* was a historical novel and thus necessarily limited in time, place, events, and characters to the facts of the war itself. *Amor y pedagogía* was a novel of ideas, in which the meaning of the work is to be found in the play of intellectual theory against objective fact. *Niebla* represents the coming to life of Unamuno's characters in an environment which, while intensely Spanish, is not bounded by time or place or the climate of social theory. Unamuno had found his novelistic technique, and never again did he resort to the inspiration of past events or the play of abstract social theories. It would seem that Unamuno had discovered, at this point, possibly through the self-examination required to write *Del sentimiento trágico de la vida*, the one theme toward which all of his feelings and ideas tended—the "human problem" concerning the point and purpose of Man's existence.

The decade from 1914 to 1924 was an immensely productive period in Unamuno's life. His collected essays were published in seven volumes in Madrid from 1916 to 1918. *Tres novelas ejemplares y un prólogo* was published in 1920. The following year saw the publication of *Abel Sánchez*, a magnificent and chilling study of the passion of envy. The year 1921 also brought the publication of Unamuno's fifth full-length novel, *La tía Tula*, which appears to be a reworking and expansion of *Dos madres*, one of the stories in *Tres novelas ejemplares*.

The six years from 1924 to 1930 were for Unamuno a bitter time of national exile. His outspoken criticism of the Spanish monarchy and the military dictatorship of Primo de Rivera caused him to be deported to Fuerteventura in the Canary Islands where, it was hoped by those in power, his attacks on the government would cease to be heard. He remained only a short time on the tiny Spanish island. He was soon able to flee to France, living first in Paris, and then in the French Basque country just across the border from Spain. Unamuno felt this period of exile deeply, as a personal tragedy. The life and career he had made for himself in Salamanca had been dissipated and destroyed by a brutal and politically hopeless government of force.

His writings are relatively few in this period and they reflect a spirit not of defeat, but of disillusionment and of profound sympathy for "my tragic Spain." Two works were published in French translation during this period, *Cómo se hace una novela*[1] and *La agonía del cristianismo*.[2] The latter, interestingly enough, appeared in English translation some three years before it was printed in the original Spanish.[3] A volume of poetry, *Romancero del destierro*, was published in Buenos Aires in 1928. The exiled Unamuno could not produce his works in Spain, due to government censorship, and the poems offered greater problems of translation than his prose works.

Unamuno's exile ended with the fall of the dictatorship of

[1] *Comment se fait un roman* (Paris, 1926).
[2] *L'Agonie du Christianisme* (Paris, 1926).
[3] *The Agony of Christianity*, trans. P. Loving (New York, 1928).

Primo de Rivera in 1930, and he was welcomed back to Salamanca in that year. He was reappointed Rector of the University and began to take an active part in the political life of Spain. He served as Deputy to the Constituent Cortes of the new Republic during the years 1931–1933, until the Cortes were dissolved. He hoped, perhaps, that he might bring practical men of politics to perceive *lo español* as he perceived it and help to perfect some method of translating his vision of Spain into a public actuality. Unamuno was made Rector of the University of Salamanca for his lifetime in 1934, but despite the public honors which were accorded him, he continued to write essays which were sharply critical of the Republic. The Republic was, in fact, a precariously balanced coalition government whose stability depended upon the opposition of the two major groups, the authoritarian traditionalists and the various brands of "Europeanizers." Many of the latter promoted, as a panacea for Spain's ills, a wide variety of collectivist movements for radical social reform.

Unamuno had no choice but to critize both sides. He saw no hope in the unaltered conservatism of the *casticistas*, which had led Spain along the path of decadence to defeat in the war of 1898, and the programs of the collectivists seemed equally bleak. The idea of mass rule had become, for Unamuno, almost a nightmare. He felt that any "popular front" threatened to destroy the positive values of the Spanish *pueblo*, which, in his view, no government of Spain had as yet utilized creatively or protected from the unsettling effects of change and industrialization. His politics had always been idealistic and anti-rational. His essays were written to express, as a poet might, his perception of a Spanish ideal.

When the Spanish civil war broke out in July, 1936, Unamuno at first gave his support to the insurgents, led by General Francisco Franco. This was his last attempt to project his feelings for Spain into the world of political realities, and his endorsement of Franco is open to a number of interpretations. In any event, Unamuno soon became aware of the anti-democratic and repressive overtones of the Franco movement. In a speech which he delivered as Rector of the University on October 12, 1936—less than three months after the beginning of the war—he spoke out sharply, bitterly, and unmistakably against the anti-intellectualism and obvious factionalism of Franco's military clique, embodied in the Salamanca garrison by General Millán Astray. Unamuno was immediately relieved of his post as Rector and subjected to a confinement which amounted to house-arrest in Salamanca. Shortly before his death he spoke again of the Franco movement as the extinction of the spirit of Spain and of individual freedom. He died during the night of New Year's Eve, 1936, at the age of seventy-two.

*   *   *

San Manuel Bueno, mártir has a special place in Unamuno's literary production for several reasons. It is his last novel, and thus represents a work of maturity and a highly developed literary technique. It is the only novel written after the time of his exile, a period of nearly seven years of enforced inactivity in his profession, years in which he had the opportunity to re-examine and clarify his thought and attitudes about everything Spanish from the perspective of an outsider. Perhaps most important, Unamuno brings together here for the first and only time in the form of a novel, the themes which he had expressed in his politico-moral essays and in his great work of philosophy, *Del sentimiento trágico de la vida.* The story of the village priest who is unable to believe serves Unamuno as a dramatic instance, a case in point, of what he sees as the basic human problem. Don Manuel is a martyr precisely because, although he accepts the morality of Christianity, he is unable to believe in the immortality of the soul. The solution which Unamuno gives in *Del sentimiento trágico* is the same as that to which Don Manuel comes: live *as if* the soul were immortal; or, put in terms of a moral imperative, "So live that it would be an injustice if there were no life after death."

The political views which Unamuno had held throughout his lifetime find expression when Lázaro proposes, perhaps to stimulate and enliven the moribund Don Manuel, that they form a Catholic farmers' syndicate in Renada. The priest answers,

The social question? Forget it; that doesn't concern us. If they forge a new society, in which there are no more rich or poor men, in which wealth is equally divided, in which everything belongs to everybody— what then? Don't you think that, from the general well-being, the tedium of life will rise up again, even stronger?[1]

In this passage Unamuno expresses again his mistrust of mass movements and the ultimate inadequacy of economic panaceas. He reaffirms his long-held conviction that a materialistic solution is not the answer to Spain's problems. Progress for the sake of progress or for material ease, he implies, will not improve man's lot; what is needed is cultivation of the spiritual aspect of man's existence. Don Manuel, an ordained priest, unable to believe the ultimate promises of Christianity, is much less able to believe the promises of this or that progressive "ism" which cannot touch the real problem of man's final destiny. The progressive movements, as they had developed in Spain, would be destructive to traditional Christianity, and Don Manuel feels strongly that a tranquil acceptance of Christian dogma holds the greatest possible solace for the villagers.

The tragedy of Don Manuel is not that he *does not* believe in God, but that he *cannot* believe. For this reason, he is not simply an atheist or even an agnostic. If he were, there would be no conflict and hence no expression of the tragic sense of life. He is a Christian who bears the hardest of all crosses to bear: the cross of disbelief. Thus he is, in Unamuno's language, an agonist. The title of the novel is in itself highly significant. The name *Manuel*, derived from the Biblical name *Immanuel*, means literally "God with us," and is a name applied by the prophet Isaiah to the

---

[1] See p. 30.

Messiah. Don Manuel, as a priest, is the representative of God to the village and to all of his parishioners. Angela intimates toward the end of the novel that this may be true in more than a formal sense; that Don Manuel by his very inability to believe is in some way fulfilling God's mysterious purpose.

The priest's family name, *Bueno*, has the obvious connotation of "good." Beyond this surface meaning, however, is a deeper significance. Cervantes' Don Quijote, before he adopts the name of the knight-errant he becomes, is called by his family and neighbors Alonso Quijano *el bueno*. Unamuno implies the validity of a connection between the two figures in the introduction to *San Manuel Bueno, mártir* which he wrote in 1932 for the publication of the novel in Madrid. At the end of the introduction he says,

> And so I do not wish to explain further either the martyrdom of Don Quijote or that of Don Manuel Bueno, quixotic martyrs both of them.[1]

Don Quijote stands as a symbol of Spain throughout Unamuno's work, particularly as an embodiment of the mystical aspect of the Spanish spirit. In a sense, Don Manuel is the Don Quijote of another age, conceived on another plane. He struggles constantly, as did Don Quijote, against the materialism, the disbelief, the loss of poetry and fantasy which he finds in his age. But Don Quijote, in his magnificent madness, bears a lighter cross than does Don Manuel: his struggle is against the external world, while that of Don Manuel is against himself, against his own paralyzing inability to believe the doctrines which would give solace, meaning, and completeness to his life.

The term "mártir" also has a special meaning to Unamuno. A martyr is one who suffers for his faith, who bears a holy burden in this life. Unamuno adds to the accepted meaning in *Del sentimiento trágico de la vida*, where he speaks of the martyr in these terms:

[1] *San Manuel Bueno, mártir y tres historias más*, ed. cit., "Prólogo," p. 20.

Virtue is not based on dogma; rather, dogma is based on virtue. And it is the martyr who makes the faith rather than the faith which makes the martyr.[1]

Don Manuel gives renewed life to the faith of Valverde de Lucerna. In creating and sustaining that faith he is at the same time Manuel ("God with us"), Bueno (like Alonso Quijano, he represents the core of reality of a dream which has changed the lives of those around him), and *mártir* in the sense that he creates and perpetualizes the faith of the *pueblo*. The tragedy of Manuel Bueno recaptures an instant in the life of Christ; that instant in which Jesus cries, "My God, my God, why hast thou forsaken me?" This instant of human doubt and despair becomes the whole life of the priest.

The role of Ángela in the novel is also more meaningful than may appear at first reading. She is not merely the narrator of the tale, she is also the confessor of the priest. Her name, in the Greek source of the word, means "messenger," and it is she who narrates the story and also spreads the fame of Don Manuel beyond the village and to her brother in America. Don Manuel senses in her some higher spiritual ("angelic") power of understanding and forgiveness; it is to her that he appeals for absolution of his inability to believe the faith that he preaches. Toward the end, he begs Ángela to pray for him, and also for Christ who, in that moment on the cross, suffered the same ultimate doubt.

The figure of Angela's brother, Lázaro, also has symbolic stature on more than one level. Lázaro returns to the village of his birth in a spiritually moribund state, infected with the doctrine of a type of progress that is meaningless and pointless to Don Manuel and to the village as a whole.

He is resurrected by the priest, he is cured of his belief in material progress, and he is restored to the village and its faith. He is, symbolically, the Lazarus of the Bible, touched by the

[1] *Del sentimiento trágico de la vida*, ed. cit., p. 260.

healing hand of a faith which is practical where it cannot be theological. After the death of Don Manuel, Lázaro tells his sister of the effect the priest has had upon him. "He made a new man of me, a true Lazarus, one who is born again . . . he cured me of my progressivism."[1]

On another level, the name Lázaro has a special meaning to all who know the Spanish tongue. Lázaro is the boy who leads the blind man, the *mozo del ciego* of the picaresque novel *Lazarillo de Tormes*, and the phrase, "un Lázaro de ciegos" is a common one in Spanish. Thus it is Lázaro who preserves the secret of Don Manuel and carries on his work of leading the blind, dreaming *pueblo* that the priest has so long served. The priest who comes to replace Don Manuel in the village is, in the context of the story, a blind man too—in that he does not see the agonizing vision of nothingness that Don Manuel had seen—and he asks the guidance of Lázaro and Ángela in carrying on the work of Don Manuel.

Don Manuel's martyrdom is curiously echoed in the character of the idiot, Blasillo, who follows, loves, and imitates Don Manuel. Unamuno's inclusion of this character may appear on the surface to be merely an attempt to inject a bit of pathos and local color into the narrative. On examination, however, a deeper symbolism will be found. *Blas* is typically the name of the credulous rustic, the "rube" of Spanish tradition. He is referred to as a *"pobre idiota"* in the novel. Unamuno points out more than once in his essays that, in its original Greek source, the word "idiot" means simply a common or ignorant person, or by extension, a villager. Thus, symbolically, Blasillo, who admires and imitates the priest and blossoms forth under his tutelage to a partial awareness and understanding, represents the village as a whole.

The secondary theme of the sunken city whose bells are heard to ring at special times is a common one in Spanish folklore. In

[1] See p. 37.

the novel, the bells of the inundated city constitute a siren-song for Don Manuel. His one great temptation, he admits to Lázaro, is a temptation to suicide, to abandon his burden of doubts and despair to the serenity of the waters of the lake of Valverde. There is, perhaps, an echo of the memory of Unamuno's friend Ganivet here—Ganivet, who surrendered to the temptation and drowned his life and his genius in the waters of Riga while Unamuno was still a young man. But Don Manuel feels, far more strongly than the temptation to suicide, the call to live his life helpfully and meaningfully to his parishioners, to help them to dream their dream of life and death and immortality.

* * *

Very different in both style and content from the tragedy of the priest who could not believe, *Nada menos que todo un hombre* is the tragedy of a man who believes sincerely, completely, and blindly in himself and his own powers. While the elements of piety and compassion which are so sensitively developed in *San Manuel Bueno, mártir* are absent, *Nada menos* develops on a scale that is in many ways heroic the egotism and utter ruthlessness of a self-made man who accepts no higher authority than his own will. In a sense, Alejandro Gómez is the polar opposite of the priest. Don Manuel suffers religious doubt and despair and consumes himself in his need to help others to the peace he cannot find for himself. Alejandro is completely insensible to higher values, religious or personal, and he is utterly indifferent to the emotional and spiritual needs of those around him. All problems are simplified for Alejandro in the glaring light of his own immense ego: to Alejandro, everything has its price and nothing is worth more than it costs.

There are strongly marked reflections of the classical Greek tragedy present in *Nada menos*. Alejandro's pride, rashness, arrogance, and stubborn self-reliance are typical characteristics of the flawed hero of classical tradition. Oedipus, Creon, Agamemnon, and other heroes of Greek tragedy display these ruinous, self-destructive traits which the Greeks called *hubris*. The inevitable punishment of *hubris*, delivered by the inescapable hand of fate, is the downfall of the individual and the utter destruction of his hopes. In *Oedipus Rex*, perhaps the greatest of the Greek tragedies, the hero blinds himself and condemns himself to banishment from his native land on learning of the havoc his pride and rashness have brought upon those he loves. Alejandro, too, punishes himself, in this case by taking his own life, on realizing the extent of his involvement with Julia and the unbearable loss he has sustained. His downfall, the loss of Julia, and his self-inflicted death come about as the direct result of his inflexibility and his lack of humanity and understanding.

Unamuno clearly indicates the classical orientation of the novel in his choice of the protagonist's name, Alejandro. He is obviously modeled on Alexander the Great, king of Macedonia in the fourth century before Christ, conqueror of most of the known world of his time. Alexander accepted the trappings of divinity which the peoples of Egypt and the East customarily bestowed upon their rulers, and in much the same spirit the "fabuloso Alejandro" accepts the privileged and unique social status which the people of Renada accord him. Godlike in his superiority to the everyday travails of work and poverty which most of the people of Renada endure, Alejandro is an *indiano* of great wealth and mysterious background. By virtue of his special status, he lives in a sphere really alien to the time and space of Renada, despite his obvious vulgarity and lowly origins. Not only is Alejandro a law unto himself, he attempts to create a private world in which his will alone dictates truth and reality.

His denial of any tenderness or human warmth to Julia beyond the sheer material indulgence of her whims and minor extravagances finally drives her to a meaningless and essentially fruitless relationship with the count of Bordaviella. Alejandro's world does not topple at the revelation of Julia's misconduct and betrayal, however. He forcibly distorts reality to preserve intact the tiny kingdom which he has created by decree and the power of his apparently inexhaustible resources. The logic of his position is simple, direct, and within its own egomaniacal framework, unassailable: the wife of Alejandro Gómez does not commit adultery with a milksop of a count, hence the woman must be insane to believe she has done so. These cannot be, in the world of Alejandro Gómez, anything but insane delusions, and so his course is clear: he has Julia committed to an insane asylum until she is "cured"—that is, until she is willing to recant her confession of adultery. When the spirit of the girl is so completely broken that she can no longer hold out against the will of her husband, and yet cannot accept the uncompromisingly egocentric world of Alejandro, the only thing left for her is death. Alejandro tries to prevail against death too, first forbidding death to claim Julia, then offering himself as a victim in Julia's stead. But, like the heroes of Greek tragedy, Alejandro learns in this moment the limitations of human power and the ruinous price of his arrogance. Well might Alejandro lament with king Creon in Sophocles' *Antigone*:

> O the curse of my stubborn will! . . .
> I learn in sorrow. Upon my head
> God has delivered this heavy punishment,
> Has struck me down in the ways of wickedness,
> And trod my gladness under foot.
> Such is the bitter affliction of mortal man.[1]

Name symbolism is used at least to a minor extent in the names of other characters as well. The name of Julia's father, Don Victorino, is symbolic in a quite obvious way. He is the "little victor" in his plot to sacrifice the beauty of his bitterly resentful daughter on the auction block of a financially desirable marriage. This petty, selfish, vicious "victory" in the clash between father and daughter is celebrated with irony in Unamuno's choice of the name and in his use of the diminutive form. He is indeed a "little victor" in his battle against the willful but defenseless Julia.

---

[1] Sophocles, *Antigone*, trans. E. F. Watling (Baltimore, Penguin Books, Inc., 1957), p. 160.

The name of the mother, Anacleta, is more difficult to explain. It appears to be a made-up name and, so far as can be found, exists nowhere outside of Unamuno's story. One possible source is the Greek verb *anaklinein*, "to lean upon." Certainly this derivation fits what little we are shown of the character of the mother. She leans upon her husband and subjects herself to his petty tyrannies with a mousy submission which shows an almost complete absence of personal will.

Both stories are set in the vicinity of Unamuno's fictitious cathedral city, Renada. Here again Unamuno has used his knowledge of Latin and Romance philology to coin a name, most probably deriving it from the Latin *res nata*. This phrase, which is used idiomatically in Vulgar Latin to mean "not a born thing," hence "nothing," is the source of *rien* in French and *nada* in Spanish. A secondary or alternative source might be the augmentative prefix *re-*, as in *rebueno, remalo*, etc. Thus Renada, combining words and connotations, carries the sense of "nothing at all" and serves as a fitting name for Unamuno's personal Erewhon, a corner of his novelistic world of dreams, will, and the "only true and real question in existence—the *human* question, which is mine, and yours, and the other fellow's, and everybody else's."[1]

BIBLIOGRAPHY

The most important works of Miguel de Unamuno y Jugo are available in Spanish in some twenty-five volumes (paperback) of the Colección Austral, Espasa-Calpe, S.A., Madrid, México, and Buenos Aires. The very handsomely bound *Obras completas*, illustrated with a number of photographs of Unamuno and his family, published by Afrodisio Aguado, S.A., Madrid: 1951–52, attempts the monumental task of assembling in a definitive edition the entire *corpus* of Unamuno's writings. This edition, which now numbers five volumes,

[1] "Soledad," *Obras completas*, III, p. 603.

benefits greatly from the loving and painstaking scholarship of Don Manuel García Blanco, *catedrático* of the University of Salamanca and intimate friend of Unamuno and his family.

English translations are available of the following works:

The Life of Don Quixote and Sancho, trans. HOMER P. EARLE. New York, Alfred Knopf, 1927.

The Tragic Sense of Life in Men and in Peoples, trans. J. E. CRAWFORD FITCH with an introduction by SALVADOR MADARIAGA. London, Macmillan and Company, 1921.

Mist, a Tragicomic Novel, trans. WARNER FITE. New York, Alfred Knopf, 1928.

Three Exemplary Novels and a Prologue, trans. ÁNGEL FLORES. New York, A. and C. Boni, 1930.

The Agony of Christianity, trans. PIERRE LOVING. New York, Payson and Clarke, 1928.

Perplexities and Paradoxes, trans. STUART GROSS. New York, The Philosophical Library, 1945.

Essays and Soliloquies, trans. J. E. CRAWFORD FITCH. New York, Alfred Knopf, 1925.

Abel Sánchez and Other Stories, trans. ANTHONY KERRIGAN. Chicago, Gateway Editions, 1956.

The following studies of the life of Unamuno and his works offer interesting critical and biographical material:

ROMERA NAVARRO, M., *Miguel de Unamuno, novelista, poeta, ensayista*. Madrid, Sociedad general española de librería, 1928.

GONZÁLEZ RUANO, CÉSAR, *Vida, pensamiento y aventura de Miguel de Unamuno*. Madrid, M. Aguilar, 1930.

MARÍAS, JULIÁN, *Miguel de Unamuno*. Colección Austral, no. 991. Buenos Aires, Espasa-Calpe Argentina, S.A., 1951.

SERRANO PONCELA, S. *El Pensamiento de Unamuno*. México, Fondo de Cultura Económica, 1953.

TREND, J. B., *Unamuno*. Cambridge, 1951.

BAREA, ARTURO, *Unamuno*. New Haven, Yale University Press, 1952.

A number of works on the political situation in Spain in the period of the dictatorship of Primo de Rivera and of the Spanish Republican government will be found in any good library. One outstanding title, which has several references to Unamuno's role in the politics of the period, is:

RATCLIFF, DILLWYN F., *Prelude to Franco*. New York, Las Américas Publishing Company, 1957.

Annotated text editions of the following works are available:

Ensayos y sentencias de Unamuno, with an introduction, notes, and vocabulary by WILFRED A. BEARDSLEY. New York, The Macmillan Company, 1932.

Abel Sánchez, edited, with an introduction and vocabulary by ÁNGEL and AMELIA DEL RIO. New York, The Dryden Press, 1947.

SAN MANUEL BUENO, MÁRTIR

Si sólo en esta vida esperamos en Cristo, somos
los más miserables de los hombres todos.

(San Pablo: I Corintios, xv, 19)

Ahora que el obispo de la diócesis de Renada, a la que pertenece
esta mi querida aldea de Valverde de Lucerna, anda, a lo que se
dice, promoviendo el proceso para la beatificación de nuestro Don
Manuel, o mejor San Manuel Bueno, que fué en ésta párroco,[1]
quiero dejar aquí consignado, a modo de confesión y sólo Dios sabe,
que no yo, con qué destino, todo lo que sé y recuerdo de aquel varón
matriarcal[2] que llenó toda la más entrañada vida de mi alma, que
fué mi verdadero padre espiritual, el padre de mi espíritu, del mío,
el de Ángela Carballino.

Al otro, a mi padre carnal y temporal, apenas si le conocí, pues
se me murió siendo yo muy niña. Sé que había llegado de forastero a nuestra Valverde de Lucerna, que aquí arraigó al casarse
aquí con mi madre. Trajo consigo unos cuantos libros, el *Quijote*,[3]
obras de teatro clásico, algunas novelas, historias, el *Bertoldo*,[4] todo
revuelto, y de esos libros, los únicos casi que había en toda la aldea,
devoré yo ensueños siendo niña.[5] Mi buena madre apenas si me
contaba hechos o dichos de mi padre. Los de[6] Don Manuel, a quien,
como todo el pueblo, adoraba, de quien estaba enamorada —claro
que castísimamente—, le habían borrado el recuerdo de los de su
marido. A quien encomendaba a Dios, y fervorosamente, cada día
al rezar el rosario.

[1] *que fué en ésta párroco* who was the parish priest in this village
[2] *varón matriarcal.* Literally, matriarchal man. An unusual expression; it
probably refers to Don Manuel as representative of *la Santa Madre Iglesia*,
i.e. the Catholic Church.
[3] *Quijote*, i.e. *Don Quijote de la Mancha*, by Miguel de Cervantes Saavedra,
the great classic of the Spanish Golden Age.
[4] *Bertoldo.* A comic poem composed by various writers of the 18th century.
[5] *devoré yo . . . niña.* I filled myself with fantasy as a girl.
[6] *Los de*, i.e. *Los hechos y dichos de*

De nuestro Don Manuel me acuerdo como si fuese de cosa de ayer, siendo yo niña, a mis diez años, antes de que me llevaran al Colegio de Religiosas de la ciudad catedralicia[1] de Renada. Tendría él, nuestro santo, entonces unos treinta y siete años. Era alto, delgado, erguido, llevaba la cabeza como nuestra Peña del Buitre lleva su cresta,[2] y había en sus ojos toda la hondura azul de nuestro lago. Se llevaba las miradas de todos, y tras ellas, los corazones, y él al mirarnos parecía, traspasando la carne como un cristal, mirarnos al corazón. Todos le queríamos, pero sobre todo los niños. ¡Qué cosas nos decía! Eran cosas, no palabras. Empezaba el pueblo a olerle la santidad;[3] se sentía lleno y embriagado de su aroma.

Entonces fué cuando mi hermano Lázaro, que estaba en América, de donde nos mandaba regularmente dinero con que vivíamos en decorosa holgura, hizo que mi madre me mandase al Colegio de Religiosas, a que se completara fuera de la aldea mi educación, y esto aunque a él, a Lázaro, no le hiciesen mucha gracia las monjas. "Pero como ahí —nos escribía— no hay hasta ahora, que yo sepa, colegios laicos y progresivos, y menos para señoritas, hay que atenerse a lo que haya. Lo importante es que Angelita se pula y que no siga entre zafias aldeanas." Y entré en el Colegio, pensando en un principio hacerme en él maestra, pero luego se me atragantó la pedagogía.

En el Colegio conocí a niñas de la ciudad e intimé con algunas de ellas. Pero seguía atenta a las cosas y a las gentes de nuestra aldea, de la que recibía frecuentes noticias y tal vez alguna visita. Y hasta al Colegio llegaba la fama de nuestro párroco, de quien empezaba a hablarse en la ciudad episcopal. Las monjas no hacían sino interrogarme respecto a él.[4]

Desde muy niña alimenté, no sé bien cómo, curiosidades, pre-

---

[1] *ciudad catedralicia* cathedral city, a center of church, civil, and economic activity for the area.
[2] *Peña del Buitre.* Literally, Vulture Rock, a local landmark.
[3] *olerle la santidad* to detect an odor of sanctity about him
[4] *Las monjas . . . a él.* The nuns were constantly asking me about him.

ocupaciones e inquietudes debidas, en parte al menos, a aquel revoltijo de libros de mi padre, y todo ello se me medró en el Colegio,
en el trato, sobre todo con una compañera que se me aficionó desmedidamente[1] y que unas veces me proponía que entrásemos juntas
a la vez en un mismo convento, jurándonos, y hasta firmando el
juramento con nuestra sangre, hermandad perpetua, y otras veces
me hablaba, con los ojos semicerrados, de novios y de aventuras
matrimoniales. Por cierto que no he vuelto a saber de ella ni de
su suerte, y eso que[2] cuando se hablaba de nuestro Don Manuel, o
cuando mi madre me decía algo de él en sus cartas —y era en casi
todas—, que yo leía a mi amiga, ésta exclamaba como en arrobo:
"¡Qué suerte, chica, la de poder vivir cerca de un santo así, de un
santo vivo, de carne y hueso, y poder besarle la mano! Cuando
vuelvas a tu pueblo escríbeme mucho, mucho y cuéntame de él."

Pasé en el Colegio unos cinco años, que ahora se me pierden
como un sueño de madrugada en la lejanía del recuerdo, y a los
quince volví a mi Valverde de Lucerna. Ya toda ella era Don
Manuel; Don Manuel con el lago y con la montaña. Llegué ansiosa
de conocerle, de ponerme bajo su protección, de que él me marcara
el sendero de mi vida.

Decíase que había entrado en el Seminario para hacerse cura, con
el fin de atender a los hijos de una su hermana[3] recién viuda, de
servirles de padre; que en el Seminario se había distinguido por su
agudeza mental y su talento y que había rechazado ofertas de bri-
llante carrera eclesiástica porque él no quería ser sino de su Valverde
de Lucerna,[4] de su aldea perdida como un broche entre el lago y
la montaña que se mira en él.

¡Y cómo quería a los suyos! Su vida era arreglar matrimonios
desavenidos, reducir a sus padres hijos indómitos o reducir los

---

[1] *se me aficionó desmedidamente* became absurdly fond of me
[2] *y eso que* and notwithstanding the fact that
[3] *de una su hermana,* i.e. *de una hermana suya*
[4] *él no quería . . . Lucerna* he wanted only to belong to his Valverde de
Lucerna

padres a sus hijos, y sobre todo consolar a los amargados y atediados y ayudar a todos a bien morir.

Me acuerdo, entre otras cosas, de que al volver de la ciudad la desgraciada hija de la tía Rabona,[1] que se había perdido[2] y volvió, soltera y desahuciada, trayendo un hijito consigo, Don Manuel no paró hasta que hizo que se casase con ella un antiguo novio, Perote, y reconociese como suya a la criaturita, diciéndole:

—Mira, da padre a este pobre crío que no le tiene más que en el cielo.

—¡Pero, Don Manuel, si no es mía la culpa...!

—¡Quién lo sabe, hijo, quién lo sabe...!, y sobre todo no se trata de culpa.

Y hoy el pobre Perote, inválido, paralítico, tiene como báculo y consuelo de su vida al hijo aquel que, contagiado de la santidad de Don Manuel, reconoció por suyo no siéndolo.

En la noche de San Juan, la más breve del año,[3] solían y suelen acudir a nuestro lago todas las pobres mujerucas, y no pocos hombrecillos, que se creen poseídos, endemoniados, y que parece no son sino histéricos y a las veces epilépticos, y Don Manuel emprendió la tarea de hacer él de lago, de piscina probática,[4] y tratar de aliviarles y si era posible de curarles. Y era tal la acción de su presencia, de sus miradas, y tal sobre todo la dulcísima autoridad de sus palabras y sobre todo de su voz —¡qué milagro de voz!—, que consiguió curaciones sorprendentes. Con lo que creció su fama, que atraía a nuestro lago y a él a todos los enfermos del contorno. Y alguna vez llegó una madre pidiéndole que hiciese un milagro en su hijo, a lo que contestó sonriendo tristemente:

[1] *la tía Rabona* old Rabona. *Tío* and *tía* are used quite generally for elderly villagers.

[2] *que se había perdido*, cf. fallen woman, lost soul

[3] *la noche de San Juan* the feast of St. John the Baptist, or Midsummer's Eve. Many local celebrations involving a belief in miracles and magic take place throughout the countries of Europe in the late hours of June 23.

[4] *piscina probática*. A fountain in which the sick were periodically healed by divine aid. See John 5:3–4.

6

—No tengo licencia del señor obispo para hacer milagros. Le preocupaba, sobre todo, que anduviesen todos limpios. Si alguno llevaba un roto en su vestidura, le decía: "Anda a ver al sacristán, y que te remiende eso." El sacristán era sastre. Y cuando el día primero de año iban a felicitarle por ser el de su santo —su santo patrono era el mismo Jesús Nuestro Señor—,[1] quería Don Manuel que todos se le presentasen con camisa nueva, y al que no la tenía se la regalaba él mismo.

Por todos mostraba el mismo afecto, y si a algunos distinguía más con él era a los más desgraciados y a los que aparecían como más díscolos. Y como hubiera en el pueblo un pobre idiota de nacimiento, Blasillo el bobo, a éste es a quien más acariciaba y hasta llegó a enseñarle cosas que parecía milagro que las hubiese podido aprender. Y es que el pequeño rescoldo de inteligencia que aún quedaba en el bobo se le encendía en imitar, como un pobre mono, a su Don Manuel.

Su maravilla era la voz, una voz divina, que hacía llorar.[2] Cuando al oficiar en misa mayor o solemne entonaba el prefacio, estremecíase la iglesia y todos los que le oían sentíanse conmovidos en sus entrañas. Su canto, saliendo del templo, iba a quedarse dormido sobre el lago y al pie de la montaña.[3] Y cuando en el sermón de Viernes Santo clamaba aquello de: "¡Dios mío, Dios mío!, ¿por qué me has abandonado?",[4] pasaba por el pueblo todo un temblor hondo como por sobre las aguas del lago en días de cierzo de hostigo. Y era como si oyesen a Nuestro Señor Jesucristo mismo, como si la voz brotara de aquel viejo crucifijo a cuyos pies tantas generaciones de madres habían depositado sus congojas. Como que una

---

[1] The Spanish traditionally celebrate not their calendar birthday—the *cumpleaños*—but the feast day of the saint for whom they are named. Don Manuel bears one of the names of Christ (see the Introduction, p. 21), hence celebrates his *santo* on January 1, the date of the Circumcision.

[2] *que hacía llorar* which brought tears to the eyes

[3] *Su canto . . . montaña.* His chant, issuing from the temple, hung sleepily over the lake and at the foot of the mountain.

[4] *Dios mío . . . abandonado.* The last words of Christ on the cross, according to St. Matthew. See Matt. 27:46.

7

vez, al oírlo su madre, la de Don Manuel, no pudo contenerse, y desde el suelo del templo, en que se sentaba, gritó: "¡Hijo mío!" Y fué un chaparrón de lágrimas entre todos.[1] Creeríase que el grito maternal había brotado de la boca entreabierta de aquella Dolorosa —el corazón traspasado por siete espadas—[2] que había en una de las capillas del templo. Luego Blasillo el tonto iba repitiendo en tono patético por las callejas, y como en eco, el "¡Dios mío, Dios mío!, ¿por qué me has abandonado?", y de tal manera que al oírselo se les saltaban a todos las lágrimas, con gran regocijo del bobo por su triunfo imitativo.

Su acción sobre las gentes era tal que nadie se atrevía a mentir ante él, y todos, sin tener que ir al confesonario, se le confesaban. A tal punto que como hubiese una vez ocurrido un repugnante crimen en una aldea próxima, el juez, un insensato que conocía mal a Don Manuel, le llamó y le dijo:

—A ver si usted, Don Manuel, consigue que este bandido declare la verdad.

—¿Para que luego pueda castigársele? replicó el santo varón—. No, señor juez, no; yo no saco a nadie una verdad que le lleve acaso a la muerte. Allá entre él y Dios... La justicia humana no me concierne. "No juzguéis para no ser juzgados", dijo Nuestro Señor.[3]

—Pero es que yo, señor cura...

—Comprendido; dé usted, señor juez, al César lo que es del César, que yo daré a Dios lo que es de Dios.[4]

Y al salir, mirando fijamente al presunto reo, le dijo:

—Mira bien si Dios te ha perdonado, que es lo único que importa.

En el pueblo todos acudían a misa, aunque sólo fuese por oírle

---

[1] *Y fué . . . todos.* And a flood of tears burst forth from everyone.
[2] The *Mater Dolorosa.* An image of the Virgin Mary which depicts symbolically the sufferings (the seven sorrows) of the mother of Christ.
[3] "Judge not, that ye be not judged." See Matt. 7:1.
[4] "Render unto Caesar the things which are Caesar's, and unto God the things which are God's." See Luke 20:25.

y por verle en el altar, donde parecía transfigurarse, encendiéndosele el rostro. Había un santo ejercicio que introdujo en el culto popular, y es que, reuniendo en el templo a todo el pueblo, hombres y mujeres, viejos y niños, unas mil personas, recitábamos al unísono, en una sola voz, el Credo: "Creo en Dios Padre Todopoderoso, Criador del Cielo y de la Tierra..." y lo que sigue.[1] Y no era un coro, sino una sola voz, una voz simple y unida, fundidas todas en una y haciendo como una montaña, cuya cumbre, perdida a las veces en nubes, era Don Manuel. Y al llegar a lo de "creo en la resurrección de la carne y la vida perdurable" la voz de Don Manuel se zambullía, como en un lago, en la del pueblo todo, y era que él se callaba. Y yo oía las campanadas de la villa que se dice aquí que está sumergida en el lecho del lago —campanadas que se dice también se oyen la noche de San Juan—[2] y eran las de la villa sumergida en el lago espiritual de nuestro pueblo; oía la voz de nuestros muertos que en nosotros resucitaban en la comunión de los santos. Después, al llegar a conocer el secreto de nuestro santo, he comprendido que era como si una caravana en marcha por el desierto, desfallecido el caudillo al acercarse al término de su carrera, le tomaran en hombros los suyos para meter su cuerpo sin vida en la tierra de promisión.

Los más[3] no querían morirse sino cojidos de su mano como de un ancla.

Jamás en sus sermones se ponía a declamar contra impíos, masones, liberales o herejes. ¿Para qué, si no los había en la aldea? Ni menos contra la mala prensa. En cambio, uno de los más frecuentes temas de sus sermones era contra la mala lengua.[4] Porque él lo disculpaba todo y a todos disculpaba. No quería creer en la mala intención de nadie.

[1] *Credo.* The Apostles' Creed, which begins with the statement, "I believe in God the Father Almighty, Creator of heaven and earth."

[2] *Y yo oía . . . San Juan.* Legends of sunken cities which have a ghostly life of their own are common in all of Western Europe, particularly where there are bodies of water of any size. *La noche de San Juan.* See p. 6, note 3.

[3] *Los más,* i.e. *La mayoría de la gente*

[4] *la mala lengua* malicious gossip, or wagging tongues

—La envidia —gustaba repetir— la mantienen los que se empeñan en creerse envidiados, y las más de las persecuciones son efecto más de la manía persecutoria que no de la perseguidora.[1]

—Pero fíjese, Don Manuel, en lo que me ha querido decir...

Y él:

—No debe importarnos tanto lo que uno quiera decir como lo que diga sin querer...

Su vida era activa y no contemplativa, huyendo cuanto podía de no tener nada que hacer. Cuando oía eso de que la ociosidad es la madre de todos los vicios, contestaba: "Y del peor de todos, que es el pensar ocioso." Y como yo le preguntara una vez qué es lo que con eso quería decir, me contestó: "Pensar ocioso es pensar para no hacer nada o pensar demasiado en lo que se ha hecho y no en lo que hay que hacer. A lo hecho pecho,[2] y a otra cosa, que no hay peor que remordimiento sin enmienda." ¡Hacer!, ¡hacer! Bien comprendí yo ya desde entonces que Don Manuel huía de pensar ocioso y a solas, que algún pensamiento le perseguía.

Así es que estaba siempre ocupado, y no pocas veces en inventar ocupaciones. Escribía muy poco para sí, de tal modo que apenas nos ha dejado escritos o notas; mas, en cambio, hacía de memorialista para los demás, y a las madres, sobre todo, les redactaba las cartas para sus hijos ausentes.

Trabajaba también manualmente, ayudando con sus brazos a ciertas labores del pueblo. En la temporada de trilla íbase a la era a trillar y aventar, y en tanto, les aleccionaba o les distraía. Sustituía a las veces a algún enfermo en su tarea. Un día del más crudo invierno se encontró con un niño, muertito de frío,[3] a quien su padre le enviaba a recojer una res a larga distancia, en el monte.

—Mira —le dijo al niño—, vuélvete a casa, a calentarte, y dile a tu padre que yo voy a hacer el encargo.

[1] *y las más . . . perseguidora* and most persecutions are the result of a desire to feel that one is being persecuted rather than of any real persecution

[2] *a lo hecho pecho.* A popular Spanish saying: what's done is done; don't cry over spilt milk

[3] *muertito de frío.* Not to be taken literally; chilled to the bone

Y al volver con la res se encontró con el padre, todo confuso, que iba a su encuentro. En invierno partía leña para los pobres.

Cuando se secó aquel magnífico nogal —"un nogal matriarcal" le llamaba—, a cuya sombra había jugado de niño y con cuyas nueces se había durante tantos años regalado, pidió el tronco, se lo llevó a su casa y después de labrar en él seis tablas, que guardaba al pie de su lecho, hizo del resto leña para calentar a los pobres. Solía hacer también las pelotas para que jugaran los mozos y no pocos juguetes para los niños.

Solía acompañar al médico en su visita y recalcaba las prescripciones de éste. Se interesaba sobre todo en los embarazos y en la crianza de los niños, y estimaba como una de las mayores blasfemias aquello de: "¡teta y gloria!" y lo otro de: "angelitos al cielo".[1] Le conmovía profundamente la muerte de los niños.

—Un niño que nace muerto o que se muere recién nacido y un suicidio —me dijo una vez— son para mí de los más terribles misterios: ¡un niño en cruz!

Y como una vez, por haberse quitado uno la vida, le preguntara[2] el padre del suicida, un forastero, si le daría tierra sagrada,[3] le contestó:

—Seguramente, pues en el último momento, en el segundo de la agonía, se arrepintió sin duda alguna.

Iba también a menudo a la escuela a ayudar al maestro, a enseñar con él, y no sólo el catecismo. Y es que huía de la ociosidad y de la soledad. De tal modo que por estar con el pueblo, y sobre todo

---

[1] *¡teta y gloria!* . . . *angelitos al cielo.* These are popular sayings intended to console parents at the death of a child, meaning that infants, being innocent of sin, go straight to heaven.

[2] *le preguntara,* i.e. *le había preguntado.* In modern Castilian, the use of the imperfect subjunctive (*-ra* or *-se* form) for a pluperfect indicative is seen occasionally. It occurs in literary expressions only and is not heard in conversational Spanish.

[3] *si le daría tierra sagrada* if he might be buried in consecrated ground. The Church traditionally forbade burial in the churchyard to heretics, suicides, those executed for certain crimes, etc.

con el mocerío y la chiquillería, solía ir al baile. Y más de una vez se puso en él a tocar el tamboril para que los mozos y las mozas bailasen, y esto, que en otro hubiera parecido grotesca profanación del sacerdocio, en él tomaba un sagrado carácter y como de rito religioso. Sonaba el *Ángelus*,[1] dejaba el tamboril y el palillo, se descubría y todos con él, y rezaba: "El ángel del Señor anunció a María: Ave María..." Y luego; "Y ahora, a descansar para mañana."

—Lo primero —decía— es que el pueblo esté contento, que estén todos contentos de vivir. El contentamiento de vivir es lo primero de todo. Nadie debe querer morirse hasta que Dios quiera.

—Pues yo sí —le dijo una vez una recién viuda—, yo quiero seguir a mi marido...

—¿Y para qué? —le respondió—. Quédate aquí para encomendar su alma a Díos.

En una boda dijo una vez: "¡Ay, si pudiese cambiar el agua toda de nuestro lago en vino, en un vinillo que por mucho que de él se bebiera alegrara siempre sin emborracharse nunca... o por lo menos con una borrachera alegre!"

Una vez pasó por el pueblo una banda de pobres titiriteros. El jefe de ella, que llegó con la mujer gravemente enferma y embarazada, y con tres hijos que le ayudaban, hacía de payaso. Mientras él estaba en la plaza del pueblo haciendo reír a los niños y aun a los grandes, ella, sintiéndose de pronto gravemente indispuesta, se tuvo que retirar, y se retiró escoltada por una mirada de congoja del payaso y una risotada de los niños. Y escoltada por Don Manuel, que luego, en un rincón de la cuadra de la posada, la ayudó a bien morir. Y cuando, acabada la fiesta, supo el pueblo y supo el payaso la tragedia, fuéronse todos a la posada y el pobre hombre, diciendo con llanto en la voz: "Bien se dice, señor cura, que es usted todo

---

[1] *el Ángelus.* A devotion or prayer, repeated by the devout in the morning, at noon, and in the evening at the sound of the church bell. The Angelus marked the end of the day's work in the fields, and also of country picnics and dances.

12

un santo", se acercó a éste queriendo tomarle la mano para besársela, pero Don Manuel se adelantó, y tomándosela al payaso, pronunció ante todos:

—El santo eres tú, honrado payaso; te vi trabajar y comprendí que no sólo lo haces para dar pan a tus hijos, sino también para dar alegría a los de los otros, y yo te digo que tu mujer, la madre de tus hijos, a quien he despedido a Dios mientras trabajabas y alegrabas, descansa en el Señor,[1] y que tú irás a juntarte con ella y a que te paguen riendo los ángeles a los que haces reír en el cielo de contento.[2]

Y todos, niños y grandes, lloraban, y lloraban tanto de pena como de un misterioso contento en que la pena se ahogaba. Y más tarde, recordando aquel solemne rato, he comprendido que la alegría imperturbable de Don Manuel era la forma temporal y terrena de una infinita y eterna tristeza que con heroica santidad recataba a los ojos y los oídos de los demás.

Con aquella su constante actividad, con aquel mezclarse en las tareas y las diversiones de todos, parecía querer huir de sí mismo, querer huir de su soledad. "Le temo a la soledad", repetía. Mas, aun así, de vez en cuando se iba solo, orilla del lago, a las ruinas de aquella vieja abadía donde aún parecen reposar las almas de los piadosos cistercienses a quienes ha sepultado en el olvido la Historia. Allí está la celda del llamado Padre Capitán, y en sus paredes se dice que aún quedan señales de las gotas de sangre con que las salpicó al mortificarse. ¿Qué pensaría allí nuestro Don Manuel? Lo que sí recuerdo es que como una vez, hablando de la abadía, le preguntase[3] yo cómo era que no se le había ocurrido ir al claustro, me contestó:

—No es sobre todo porque tenga, como tengo, mi hermana viuda

---

[1] *descansa en el Señor* rests in the Lord, is at peace in heaven

[2] *y que tú . . . de contento* and you will go to join her, and may the angels pay you with their laughter when you make them laugh with happiness in heaven

[3] *le preguntase,* i.e. *le había preguntado*

13

y mis sobrinos a quienes sostener, que Dios ayuda a sus pobres, sino porque yo no nací para ermitaño, para anacoreta; la soledad me mataría el alma, y en cuanto a un monasterio, mi monasterio es Valverde de Lucerna. Yo no debo vivir solo; yo no debo morir solo. Debo vivir para mi pueblo, morir para mi pueblo. ¿Cómo voy a salvar mi alma si no salvo la de mi pueblo?
—Pero es que ha habido santos ermitaños, solitarios...— le dije.
—Sí, a ellos les dió el Señor la gracia de soledad que a mí me ha negado, y tengo que resignarme. Yo no puedo perder a mi pueblo para ganarme el alma. Así me ha hecho Dios. Yo no podría soportar las tentaciones del desierto. Yo no podría llevar solo la cruz del nacimiento.

He querido con estos recuerdos, de los que vive mi fe, retratar a nuestro Don Manuel tal como era cuando yo, mocita de cerca de dieciséis años, volví del Colegio de Religiosas de Renada a nuestro monasterio de Valverde de Lucerna. Y volví a ponerme a los pies de su abad.[1]
—¡Hola, la hija de la Simona —me dijo en cuanto me vió—, y hecha ya toda una moza, y sabiendo francés, y bordar y tocar el piano y qué sé yo qué más! Ahora a prepararte para darnos otra familia. Y tu hermano Lázaro, ¿cuándo vuelve? Sigue en el Nuevo Mundo, ¿no es así?
—Sí, señor, sigue en América...
—¡El Nuevo Mundo! Y nosotros en el Viejo. Pues bueno, cuando le escribas, dile de mi parte, de parte del cura, que estoy deseando saber cuándo vuelve del Nuevo Mundo a este Viejo, trayéndonos las novedades de por allá. Y dile que encontrará al lago y a la montaña como los dejó.
Cuando me fuí a confesar con él mi turbación era tanta que no acertaba a articular palabra. Recé el "yo pecadora" balbuciendo, casi sollozando. Y él, que lo observó, me dijo:

[1] *monasterio de Valverde de Lucerna; los pies de su abad.* Ángela carries through in her reflections the imagery, which Don Manuel has suggested, of the village as a monastery and he as its abbot, or leader.

14

—Pero ¿qué te pasa, corderilla? ¿De qué o de quién tienes miedo? Porque tú no tiemblas ahora al peso de tus pecados ni por temor de Dios, no; tú tiemblas de mí, ¿no es eso?

Me eché a llorar.

—Pero ¿qué es lo que te han dicho de mí? ¿Qué leyendas son ésas? ¿Acaso tu madre? Vamos, vamos, cálmate y haz cuenta que estás hablando con tu hermano...

Me animé y empecé a confiarle mis inquietudes, mis dudas, mis tristezas.

—¡Bah, bah, bah! ¿Y dónde has leído eso, marisabidilla? Todo eso es literatura. No te des demasiado a ella, ni siquiera a Santa Teresa.[1] Y si quieres distraerte lee el *Bertoldo*, que leía tu padre.

Salí de aquella mi primera confesión con el santo hombre profundamente consolada. Y aquel mi temor primero, aquel más que respeto miedo, con que me acerqué a él, trocóse en una lástima profunda. Era yo entonces una mocita, una niña casi; pero empezaba a ser mujer, sentía en mis entrañas el jugo de la maternidad, y al encontrarme en el confesionario junto al santo varón, sentí como una callada confesión suya[2] en el susurro sumiso de su voz y recordé cómo cuando al clamar él en la iglesia las palabras de Jesucristo: "¡Dios mío, Dios mío!, ¿por qué me has abandonado?", su madre, la de Don Manuel, respondió desde el suelo: "¡Hijo mío!", y oí este grito que desgarraba la quietud del templo. Y volví a confesarme con él para consolarle.

Una vez que en el confesonario le expuse una de aquellas dudas, me contestó:

—A eso, ya sabes, lo del Catecismo: "eso no me lo preguntéis a mí, que soy ignorante; doctores tiene la Santa Madre Iglesia que os sabrán responder."

—¡Pero si el doctor aquí es usted, Don Manuel...!

—¿Yo, yo doctor?, ¿doctor yo? ¡Ni por pienso! Yo, doctor-

[1] *Santa Teresa*, i.e. *Santa Teresa de Jesús* (1515-1582). A great Spanish mystic, founder of the reformed order of Carmelites, whose life and mystic experiences are described in her journals.

[2] *sentí como ... suya* I sensed an unspoken confession of his own

15

cilla, no soy más que un pobre cura de aldea. Y esas preguntas, ¿sabes quién te las insinúa, quién te las dirige? Pues... ¡el demonio! Y entonces, envalentonándome, le espeté a boca de jarro:[1]

—¿Y si se las dirigiese a usted, Don Manuel?

—¿A quién?, ¿a mí? ¿Y el demonio? No nos conocemos, hija, no nos conocemos.

—¿Y si se las dirigiera?

—No le haría caso. Y basta, ¿eh?, despachemos, que me están esperando unos enfermos de verdad.

Me retiré, pensando, no sé qué por qué,[2] nuestro Don Manuel, tan afamado curandero de endemoniadas, no creía en el demonio. Y al irme hacia mi casa topé con Blasillo el bobo, que acaso rondaba el templo, y que al verme, para agasajarme con sus habilidades, repitió —¡y de qué modo!— lo de "¡Dios mío, Dios mío!, ¿por qué me has abandonado?" Llegué a casa acongojadísima y me encerré en mi cuarto para llorar, hasta que llegó mi madre.

—Me parece, Angelita, con tantas confesiones, que tú te me vas a ir monja.[3]

—No lo tema, madre —le contesté—, pues tengo harto que hacer aquí, en el pueblo, que es mi convento.

—Hasta que te cases.

—No pienso en ello— le repliqué.

Y otra vez que me encontré con Don Manuel, le pregunté, mirándole derechamente a los ojos:

—¿Es que hay infierno, Don Manuel?

Y él, sin inmutarse:

—¿Para ti, hija? No.

—¿Para los otros, lo hay?

—¿Y a ti que te importa, si no has de ir a él?

—Me importa por los otros. ¿Lo hay?

—Cree en el cielo, en el cielo que vemos. Míralo —y me lo mostraba sobre la montaña y abajo, reflejado en el lago.

---

[1] *le espeté a boca de jarro* I sprang (this question) on him point blank
[2] *no sé qué por qué* I know not why
[3] *que tú te me vas a ir monja* that you are going to want to become a nun

—Pero hay que creer en el infierno, como en el cielo —le repliqué.

—Sí, hay que creer todo lo que cree y enseña a creer la Santa Madre Iglesia Católica Apostólica Romana. ¡Y basta!

Leí no sé qué honda tristeza en sus ojos, azules como las aguas del lago.

Aquellos años pasaron como un sueño. La imagen de Don Manuel iba creciendo en mí sin que yo de ello me diese cuenta, pues era un varón tan cotidiano, tan de cada día como el pan que a diario pedimos en el padrenuestro.[1] Yo le ayudaba cuando podía en sus menesteres, visitaba a sus enfermos, a nuestros enfermos, a las niñas de la escuela, arreglaba el ropero de la iglesia, le hacía, como me llamaba él, de diaconisa. Fuí unos días invitada por una compañera de colegio, a la ciudad,[2] y tuve que volverme, pues en la ciudad me ahogaba, me faltaba algo, sentía sed de la vista de las aguas del lago, hambre de la vista de las peñas de la montaña; sentía, sobre todo, la falta de mi Don Manuel y como si su ausencia me llamara, como si corriese un peligro lejos de mí,[3] como si me necesitara. Empezaba yo a sentir una especie de afecto maternal hacia mi padre espiritual; quería aliviarle del peso de su cruz del nacimiento.

Así fuí llegando a mis veinticuatro años, que es cuando volvió de América, con un caudalillo ahorrado, mi hermano Lázaro. Llegó acá, a Valverde de Lucerna, con el propósito de llevarnos a mí y a nuestra madre a vivir a la ciudad, acaso a Madrid.

—En la aldea —decía— se entontece, se embrutece y se empobrece uno.

Y añadía:

—Civilización es lo contrario de ruralización; ¡aldeanerías no!,

---

[1] *el padrenuestro.* The Lord's Prayer, known in Spanish, as in Latin, by the opening words, "Our Father."

[2] *Fuí unos días . . . ciudad.* I went to the city for a few days as the guest of a college friend

[3] *como si corriese . . . mí* as if he were in danger away from me

17

que no hice que fueras al Colegio para que te pudras luego aquí, entre estos zafios patanes.

Yo callaba, aun dispuesta a resistir la emigración; pero nuestra madre, que pasaba ya de la sesentena,[1] se opuso desde un principio. "¡A mi edad, cambiar de aguas!",[2] dijo primero; mas luego dió a conocer claramente que ella no podría vivir fuera de la vista de su lago, de su montaña, y sobre todo de su Don Manuel.

—¡Sois como las gatas, que os apegáis a la casa! —repetía mi hermano.

Cuando se percató de todo el imperio que sobre el pueblo todo y en especial sobre nosotras, sobre mi madre y sobre mí, ejercía el santo varón evangélico,[3] se irritó contra éste. Le pareció un ejemplo de la oscura teocracia en que él suponía hundida a España. Y empezó a borbotar sin descanso todos los viejos lugares comunes anticlericales y hasta antirreligiosos y progresistas que había traído renovados del Nuevo Mundo.[4]

—En esta España de calzonazos —decía— los curas manejan a las mujeres y las mujeres a los hombres..., ¡y luego el campo!, ¡el campo!, este campo feudal...

Para él feudal era un término pavoroso; feudal y medieval eran los dos calificativos que prodigaba cuando quería condenar algo.

Le desconcertaba el ningún efecto que sobre nosotras hacían sus diatribas[5] y el casi ningún efecto que hacían en el pueblo, donde se le oía con respetuosa indiferencia. "A estos patanes no hay quien les conmueva." Pero como era bueno por ser inteligente, pronto se dió cuenta de la clase de imperio que Don Manuel ejercía sobre el pueblo, pronto se enteró de la obra del cura de su aldea.

---

[1] *que pasaba . . . sesentena* who was now over sixty
[2] *cambiar de aguas* to go to a new environment; cf. English "to change pastures"
[3] *el santo varón evangélico* the saintly priest
[4] *Y empezó . . . Mundo.* And he began to spout endlessly all the old anticlerical and even antireligious "progressive" clichés he had brought back renovated from the New World.
[5] *Le desconcertaba . . . diatribas.* He was upset by the complete lack of effect which his rantings had on us

18

—¡No, no es como los otros —decía—, es un santo!

—Pero ¿tú sabes cómo son los otros curas? —le decía yo, y él:

—Me lo figuro.

Mas aun así ni entraba en la iglesia ni dejaba de hacer alarde en todas partes de su incredulidad, aunque procurando siempre dejar a salvo a Don Manuel. Y ya en el pueblo se fué formando, no sé cómo, una expectativa, la de una especie de duelo entre mi hermano Lázaro y Don Manuel, o más bien se esperaba la conversión de aquél por éste. Nadie dudaba de que al cabo el párroco le llevaría a su parroquia. Lázaro, por su parte, ardía en deseos —me lo dijo luego— de ir a oír a Don Manuel, de verle y oírle en la iglesia, de acercarse a él y con él conversar, de conocer el secreto de aquel su imperio espiritual sobre las almas. Y se hacía de rogar para ello, hasta que al fin, por curiosidad —decía—, fué a oírle.

—Sí, esto es otra cosa —me dijo luego de haberle oído—; no es como los otros, pero a mí no me la da;[1] es demasiado inteligente para creer todo lo que tiene que enseñar.

—Pero ¿es que le crees un hipócrita? —le dije.

—¡Hipócrita... no!, pero es el oficio del que tiene que vivir.

En cuanto a mí, mi hermano se empeñaba en que yo leyese de libros que él trajo y de otros que me incitaba a comprar.

—Conque, ¿tu hermano Lázaro —me decía Don Manuel— se empeña en que leas? Pues lee, hija mía, lee y dale así gusto. Sé que no has de leer sino cosa buena; lee aunque sea novelas. No son mejores las historias que llaman verdaderas. Vale más que leas que no el que te alimentes de chismes y comadrerías del pueblo.[2] Pero lee sobre todo libros de piedad que te den contento de vivir, un contento apacible y silencioso.

¿Le tenía él?[3]

Por entonces enfermó de muerte y se nos murió nuestra madre,

---

[1] *pero a mí no me la da* but he doesn't fool me

[2] *Vale más que . . . pueblo.* It is better for you to read than to fill yourself full of gossip and village small-talk.

[3] *¿Le tenía él?* Did he have it (i.e. *contento*)?

y en sus últimos días todo su hipo era que Don Manuel convirtiese a Lázaro, a quien esperaba volver a ver un día en el cielo, en un rincón de las estrellas desde donde se viese el lago y la montaña de Valverde de Lucerna. Ella se iba ya, a ver a Dios.

—Usted no se va —le decía Don Manuel—, usted se queda. Su cuerpo aquí, en esta tierra, y su alma también aquí en esta casa, viendo y oyendo a sus hijos, aunque éstos ni le vean ni le oigan.

—Pero yo, padre —dijo—, voy a Dios.

—Dios, hija mía, está aquí como en todas partes, y le verá usted desde aquí, desde aquí. Y a todos nosotros en Él, y a Él en nosotros.

—Dios se lo pague —le dije.

—El contento con que tu madre se muera —me dijo— será su eterna vida.

Y volviéndose a mi hermano Lázaro:

—Su cielo es seguir viéndote, y ahora es cuando hay que salvarla. Dile que rezarás por ella.

—Pero...

—¿Pero...? Dile que rezarás por ella, a quien debes la vida, y sé que una vez que se lo prometas rezarás y sé que luego que reces...

Mi hermano, acercándose, arrasados sus ojos en lágrimas, a nuestra madre, agonizante, le prometió solemnemente rezar por ella.

—Y yo en el cielo por ti, por vosotros —respondió mi madre, y besando el crucifijo y puestos sus ojos en los de Don Manuel, entregó su alma a Dios.

—"¡En tus manos encomiendo mi espíritu!"[1] —rezó el santo varón.

Quedamos mi hermano y yo solos en la casa. Lo que pasó en la muerte de nuestra madre puso a Lázaro en relación con Don Manuel, que pareció descuidar algo a sus demás pacientes, a sus demás

[1] *¡En tus manos . . . espíritu!* "Into thy hands I commend my spirit." These are the last words of Jesus on the cross according to St. Luke. See Luke 24:46.

menesterosos, para atender a mi hermano. Ibanse por las tardes de paseo, orilla del lago, o hacia las ruinas, vestidas de hiedra, de la vieja abadía de cistercienses.

—Es un hombre maravilloso —me decía Lázaro—. Ya sabes que dicen que en el fondo de este lago hay una villa sumergida y que en la noche de San Juan, a las doce, se oyen las campanadas de su iglesia.

—Sí —le contestaba yo—, una villa feudal y medieval...

—Y creo —añadía él— que en el fondo del alma de nuestro Don Manuel hay también sumergida, ahogada, una villa y que alguna vez se oyen sus campanadas.

—Sí —le dije—, esa villa sumergida en el alma de Don Manuel, ¿y por qué no también en la tuya?, es el cementerio de las almas de nuestros abuelos, los de esta nuestra Valverde de Lucerna... ¡feudal y medieval!

Acabó mi hermano por ir a misa siempre, a oír a Don Manuel, y cuando se dijo que cumpliría con la parroquia, que comulgaría cuando los demás comulgasen,[1] recorrió un íntimo regocijo al pueblo todo, que creyó haberle recobrado. Pero fué un regocijo tal, tan limpio, que Lázaro no se sintió ni vencido ni disminuído.

Y llegó el día de su comunión, ante el pueblo todo, con el pueblo todo. Cuando llegó la vez a mi hermano[2] pude ver que Don Manuel, tan blanco como la nieve de enero en la montaña y temblando como tiembla el lago cuando le hostiga el cierzo, se le acercó con la sagrada forma en la mano, y de tal modo le temblaba ésta al arrimarla a la boca de Lázaro que se le cayó la forma a tiempo que le daba un vahido. Y fué mi hermano mismo quien recogió la hostia y se la llevó a la boca. Y el pueblo al ver llorar

---

[1] *Acabó mi hermano . . . comulgasen.* My brother ended up attending Mass regularly in order to listen to Don Manuel, and when word got around that he would fulfill his religious duties, that he would take Holy Communion with the rest of us.

[2] *Cuando llegó . . . hermano.* When my brother's turn came

a Don Manuel, lloró diciéndose: "¡Cómo le quiere!" Y entonces, pues era la madrugada, cantó un gallo.[1]

Al volver a casa y encerrarme en ella con mi hermano, le eché los brazos al cuello y besándole le dije:

—¡Ay Lázaro, Lázaro, qué alegría nos has dado a todos, a todos, a todo el pueblo, a todo, a los vivos y a los muertos y sobre todo a mamá, a nuestra madre! ¿Viste? El pobre Don Manuel lloraba de alegría. ¡Qué alegría nos has dado a todos!

—Por eso lo he hecho —me contestó.

—¿Por eso? ¿Por darnos alegría? Lo habrás hecho ante todo por ti mismo, por conversión.

Y entonces Lázaro, mi hermano, tan pálido y tan tembloroso como Don Manuel cuando le dió la comunión, me hizo sentarme en el sillón mismo donde solía sentarse nuestra madre, tomó huelgo, y luego, como en íntima confesión doméstica y familiar, me dijo:

—Mira, Angelita, ha llegado la hora de decirte la verdad, toda la verdad, y te la voy a decir, porque debo decírtela, porque a ti no puedo, no debo callártela y porque además habrías de adivinarla y a medias, que es lo peor, más tarde o más temprano.

Y entonces, serena y tranquilamente, a media voz, me contó una historia que me sumergió en un lago de tristeza. Cómo Don Manuel le había venido trabajando,[2] sobre todo en aquellos paseos a las ruinas de la vieja abadía cisterciense, para que no escandalizase, para que diese buen ejemplo, para que se incorporase a la vida religiosa del pueblo, para que fingiese creer si no creía, para que ocultase sus ideas al respecto, mas sin intentar siquiera catequizarle, convertirle de otra manera.

—Pero ¿es eso posible? —exclamé consternada.

—¡Y tan posible, hermana, y tan posible! Y cuando yo le decía:

---

[1] *cantó un gallo.* Unamuno alludes here to St. Peter's denial of Christ, described in Matt. 26:33–75 and Luke 22:34–62. The implication is that Lázaro has taken Communion without believing, hence denying the spirit of Christ.

[2] *Cómo Don Manuel . . . trabajando* How Don Manuel had come appealing to him

"¿Pero es usted, usted, el sacerdote, el que me aconseja que finja?", él, balbuciente: "¿Fingir?, ¡fingir no!, ¡eso no es fingir! Toma agua bendita, que dijo alguien, y acabarás creyendo."[1] Y como yo, mirándole a los ojos, le dijese: "¿Y usted celebrando misa ha acabado por creer?", él bajó la mirada al lago y se le llenaron los ojos de lágrimas. Y así es cómo le arranqué su secreto.

—¡Lázaro! —gemí.

Y en aquel momento pasó por la calle Blasillo el bobo, clamando su: "¡Dios mío, Dios mío!, ¿por qué me has abandonado?" Y Lázaro se estremeció creyendo oír la voz de Don Manuel, acaso la de Nuestro Señor Jesucristo.

—Entonces —prosiguió mi hermano— comprendí sus móviles, y con esto comprendí su santidad; porque es un santo, hermana, todo un santo. No trataba al emprender ganarme para su santa causa —porque es una causa santa, santísima—, arrogarse un triunfo, sino que lo hacía por la paz, por la felicidad, por la ilusión si quieres, de los que le están encomendados; comprendí que si les engaña así —si es que esto es engaño— no es por medrar. Me rendí a sus razones, y he aquí mi conversión. Y no me olvidaré jamás del día en que diciéndole yo: "Pero, Don Manuel, la verdad, la verdad ante todo," él, temblando, me susurró al oído —y eso que estábamos solos en medio del campo—: "¿La verdad? La verdad, Lázaro, es acaso algo terrible, algo intolerable, algo mortal; la gente sencilla no podría vivir con ella." "¿Y por qué me la deja entrever ahora aquí, como en confesión?," le dije. Y él: "Porque si no, me atormentaría tanto, tanto, que acabaría gritándola en medio de la plaza, y eso jamás, jamás, jamás. Yo estoy para hacer vivir a las almas de mis feligreses, para hacerles felices, para hacerles que se sueñen inmortales y no para matarles. Lo que aquí hace falta es que vivan sanamente, que vivan en unanimidad de sentido, y con la verdad, con mi verdad, no vivirían. Que vivan. Y esto hace la Iglesia, hacerles vivir. ¿Religión verdadera? Todas las re-

---

[1] *Toma agua . . . creyendo.* Dip your fingers in holy water, as someone said, and you'll end up believing.

ligiones son verdaderas en cuanto hacen vivir espiritualmente a los pueblos que las profesan, en cuanto les consuelan de haber tenido que nacer para morir, y para cada pueblo la religión más verdadera es la suya, la que le ha hecho. ¿Y la mía? La mía es consolarme en consolar a los demás, aunque el consuelo que les doy no sea el mío." Jamás olvidaré estas sus palabras.

—¡Pero esa comunión tuya ha sido un sacrilegio! —me atreví a insinuar, arrepintiéndome al punto de haberlo insinuado.

—¿Sacrilegio? ¿Y él que me la dió? ¿Y sus misas?

—¡Qué martirio! —exclamé.

—Y ahora —añadió mi hermano— hay otro más para consolar al pueblo.

—¿Para engañarle? —dije.

—Para engañarle no —me replicó—, sino para corroborarle en su fe.

—Y él, el pueblo —dije—, ¿cree de veras?

—¡Qué sé yo...! Cree sin querer, por hábito, por tradición.[1] Y lo que hace falta es no despertarle.[2] Y que viva en su pobreza de sentimientos para que no adquiera torturas de lujo. ¡Bienaventurados los pobres de espíritu![3]

—Eso, hermano, lo has aprendido de Don Manuel. Y ahora, dime, ¿has cumplido aquello que le prometiste a nuestra madre cuando ella se nos iba a morir, aquello de que rezarías por ella?

—¡Pues no se lo había de çumplir! Pero ¿por quién me has tomado, hermana? ¿Me crees capaz de faltar a mi palabra, a una promesa solemne, y a una promesa hecha, y en el lecho de muerte, a una madre?

—¡Qué sé yo...! Pudiste querer engañarla para que muriese consolada.

---

[1] *Cree sin querer . . . tradición.* They (the *pueblo*, hence a 3rd person singular verb form) believe without thinking, by habit, by tradition.

[2] *Y lo que . . . despertarle.* And the important thing is to not wake them up

[3] *¡Bienaventurados . . . espíritu!* "Blessed are the poor in spirit." A phrase from the Beatitudes, or Sermon on the Mount. See Matt. 5:3.

—Es que si yo no hubiese cumplido la promesa viviría sin consuelo.

—¿Entonces?

—Cumplí la promesa y no he dejado de rezar ni un solo día por ella.

—¿Sólo por ella?

—Pues, ¿por quién más?

—¡Por ti mismo! Y de ahora en adelante, por Don Manuel.

Nos separamos para irnos cada uno a su cuarto, yo a llorar toda la noche, a pedir por la conversión de mi hermano y de Don Manuel, y él, Lázaro, no sé bien a qué.

Después de aquel día temblaba yo de encontrarme a solas con Don Manuel, a quien seguía asistiendo en sus piadosos menesteres. Y él pareció percatarse de mi estado íntimo y adivinar su causa. Y cuando al fin me acerqué a él en el tribunal de la penitencia[1] —¿quién era el juez y quién el reo?—, los dos, él y yo, doblamos en silencio la cabeza y nos pusimos a llorar. Y fué él, Don Manuel, quien rompió el tremendo silencio para decirme con voz que parecía salir de una huesa:

—Pero tú, Angelina, tú crees como a los diez años, ¿no es así? ¿Tú crees?

—Sí creo, padre.

—Pues sigue creyendo. Y si se te ocurren dudas, cállatelas a ti misma. Hay que vivir...

Me atreví, y toda temblorosa le dije:

—Pero usted, padre, ¿cree usted?

Vaciló un momento y reponiéndose me dijo:

—¡Creo!

—¿Pero en qué, padre, en qué? ¿Cree usted en la otra vida?, ¿cree usted que al morir no nos morimos del todo?, ¿cree que volveremos a vernos, a querernos en otro mundo venidero?, ¿cree en la otra vida?

---

[1] *el tribunal de la penitencia* the confessional

El pobre santo sollozaba.

—¡Mira, hija, dejemos eso!

Y ahora, al escribir esta memoria, me digo: ¿Por qué no me engañó?, ¿por qué no me engañó entonces como engañaba a los demás? ¿Por qué se acongojó?, ¿porque no podía engañarse a sí mismo, o porque no podía engañarme? Y quiero creer que se acongojaba porque no podía engañarse para engañarme.

—Y ahora —añadió—, reza por mí, por tu hermano, por ti misma, por todos. Hay que vivir. Y hay que dar vida.

Y después de una pausa:

—¿Y por qué no te casas, Angelina?

—Ya sabe usted, padre mío, por qué.

—Pero no, no; tienes que casarte. Entre Lázaro y yo te buscaremos un novio. Porque a ti te conviene casarte para que se te curen esas preocupaciones.

—¿Preocupaciones, Don Manuel?

—Yo sé bien lo que me digo. Y no te acongojes demasiado por los demás, que harto tiene cada cual con tener que responder de sí mismo.[1]

—¡Y que sea usted, Don Manuel, el que me diga eso!, ¡que sea usted el que me aconseje que me case para responder de mí y no acuitarme por los demás!, ¡que sea usted!

—Tienes razón, Angelina, no sé ya lo que me digo; no sé ya lo que me digo desde que estoy confesándome contigo. Y sí, sí, hay que vivir, hay que vivir.

Y cuando yo iba a levantarme para salir del templo, me dijo:

—Y ahora, Angelina, en nombre del pueblo, ¿me absuelves?

Me sentí como penetrada de un misterioso sacerdocio y le dije:

—En nombre de Dios Padre, Hijo y Espíritu Santo, le absuelvo, padre.[2]

---

[1] *que harto tiene . . . mismo.* Each of us has plenty to do in having to answer for himself.

[2] *En nombre . . . padre.* This is the ritual formula of absolution of sin after confession.

26

Y salimos de la iglesia, y al salir se me estremecían las entrañas maternales.

Mi hermano, puesto ya del todo al servicio de la obra de Don Manuel, era su más asiduo colaborador y compañero. Les anudaba, además, el común secreto. Le acompañaba en sus visitas a los enfermos, a las escuelas, y ponía su dinero a disposición del santo varón. Y poco faltó para que no aprendiera a ayudarle a misa. E iba entrando cada vez más en el alma insondable de Don Manuel.

—¡Qué hombre! —me decía—. Mira, ayer, paseando a orillas del lago, me dijo: "He aquí mi tentación mayor." Y como yo le interrogase con la mirada, añadió: "Mi pobre padre, que murió de cerca de noventa años, se pasó la vida, según me lo confesó él mismo, torturado por la tentación del suicidio, que le venía no recordaba desde cuándo, *de nación*,[1] decía, y defendiéndose de ella. Y esa defensa fué su vida. Para no sucumbir a tal tentación extremaba los cuidados por conservar la vida. Me contó escenas terribles. Me parecía como una locura. Y yo la he heredado. ¡Y cómo me llama esa agua que con su aparente quietud —la corriente va por dentro— espeja al cielo! ¡Mi vida, Lázaro, es una especie de suicidio continuo, un combate contra el suicidio, que es igual; pero que vivan ellos, que vivan los nuestros!" Y luego añadió: "Aquí se remansa el río en lago, para luego, bajando a la meseta, precipitarse en cascadas, saltos y torrenteras por las hoces y encañadas, junto a la ciudad, y así se remansa la vida, aquí, en la aldea. Pero la tentación del suicidio es mayor aquí, junto al remanso que espeja de noche las estrellas, que no junto a las cascadas que dan miedo. Mira, Lázaro, he asistido a bien morir a pobres aldeanos, ignorantes, analfabetos que apenas si habían salido de la aldea, y he podido saber de sus labios, y cuando no, adivinarlo, la verdadera causa de su enfermedad de muerte, y he podido mirar, allí, a la cabecera de su lecho de muerte, toda la negrura de la sima del

[1] *de nación* from birth, or from some latent, inborn impulse

tedio de vivir.[1] ¡Mil veces peor que el hambre! Sigamos, pues, Lázaro, suicidándonos en nuestra obra y en nuestro pueblo, y que sueñe éste su vida como el lago sueña el cielo."

—Otra vez —me decía también mi hermano—, cuando volvíamos acá, vimos a una zagala, una cabrera, que enhiesta sobre un picacho de la falda de la montaña, a la vista del lago, estaba cantando con una voz más fresca que las aguas de éste. Don Manuel me detuvo, y señalándomela, dijo: "Mira, parece como si se hubiera acabado el tiempo, como si esa zagala hubiese estado ahí siempre, y como está, y cantando como está, y como si hubiera de seguir estando así siempre, como estuvo cuando no empezó mi conciencia, como estará cuando se me acabe.[2] Esa zagala forma parte, con las rocas, las nubes, los árboles, las aguas, de la naturaleza y no de la historia." ¡Cómo siente, cómo anima Don Manuel a la naturaleza! Nunca olvidaré el día de la nevada en que me dijo: "¿Has visto, Lázaro, misterio mayor que el de la nieve cayendo en el lago y muriendo en él mientras cubre con su toca a la montaña?"

Don Manuel tenía que contener a mi hermano en su celo y en su inexperiencia de neófito. Y como supiese que éste andaba predicando contra ciertas supersticiones populares, hubo de decirle:

—¡Déjalos! ¡Es tan difícil hacerles comprender dónde acaba la creencia ortodoxa y dónde empieza la superstición! Y más para nosotros. Déjalos, pues, mientras se consuelen. Vale más que lo crean todo, aun cosas contradictorias entre sí, a no que no crean nada. Eso de que el que cree demasiado acaba por no creer nada,

[1] *Y he podido saber . . . vivir.* And I have been able to hear from their own lips, or when that was not so, to guess, the true cause of their sickness unto death, and I have been able to see, there, at the head of their deathbed, all the blackness of the abyss of weariness with life.

[2] *y como si hubiera . . . acabe* and as though she might go on being there just as she is forever, as she was before my consciousness began, as she will be when it has left me

es cosa de protestantes.[1] No protestemos. La protesta mata el contento.

Una noche de plenilunio —me contaba también mi hermano— volvían a la aldea por la orilla del lago, a cuya sobrehaz rizaba entonces la brisa montañesa y en el rizo cabrilleaban las razas de la luna llena, y Don Manuel le dijo a Lázaro:

—¡Mira, el agua está rezando la letanía y ahora dice: *ianua caeli, ora pro nobis*, puerta del cielo, ruega por nosotros![2]

Y cayeron temblando de sus pestañas a la yerba del suelo dos huideras lágrimas en que también, como en rocío, se baño temblorosa[3] la lumbre de la luna llena.

E iba corriendo el tiempo y observábamos mi hermano y yo que las fuerzas de Don Manuel empezaban a decaer, que ya no lograba contener del todo la insondable tristeza que le consumía, que acaso una enfermedad traidora le iba minando el cuerpo y el alma. Y Lázaro, acaso para distraerle más, le propuso si no estaría bien que fundasen en la iglesia algo así como un sindicato católico agrario.[4]

—¿Sindicato? —respondió tristemente Don Manuel—. ¿Sindicato? ¿Y qué es eso? Yo no conozco más sindicato que la Iglesia, y ya sabes aquello de "mi reino no es de este mundo".[5] Nuestro reino, Lázaro, no es de este mundo...

—¿Y del otro?

Don Manuel bajó la cabeza:

—El otro, Lázaro, está aquí también, porque hay dos reinos en este mundo. O mejor, el otro mundo... vamos, que no sé lo que

---

[1] *es cosa de protestantes* is a Protestant idea

[2] *ianua caeli, ora pro nobis*. A popular prayer, often used in religious processions. The complete form would be: Holy Mary, Gate of Paradise, pray for us.

[3] *temblorosa*. The stylistic use of an adjective for an adverb is not common, but does occur in poetry and in occasional descriptive passages of prose.

[4] *le propuso . . . agrario*. He suggested that it might be a good idea to organize within the Church some sort of Catholic farmers' syndicate.

[5] *"mi reino . . . mundo."* See John 18:36.

me digo. Y en cuanto a eso del sindicato, es en ti un resabio de tu época de progresismo. No, Lázaro, no; la religión no es para resolver los conflictos económicos o políticos de este mundo que Dios entregó a las disputas de los hombres. Piensen los hombres y obren los hombres como pensaren y como obraren,[1] que se consuelen de haber nacido, que vivan lo más contentos que puedan en la ilusión de que todo esto tiene una finalidad. Yo no he venido a someter los pobres a los ricos, ni a predicar a éstos que se sometan a aquéllos. Resignación y caridad en todos y para todos. Porque también el rico tiene que resignarse a su riqueza, y a la vida, y también el pobre tiene que tener caridad para con el rico. ¿Cuestión social? Deja eso, eso no nos concierne. Que traen una nueva sociedad, en que no haya ya ricos ni pobres, en que esté justamente repartida la riqueza, en que todo sea de todos, ¿y qué? ¿Y no crees que del bienestar general surgirá más fuerte el tedio a la vida? Si, ya sé que uno de esos caudillos de la que llaman la revolución social ha dicho que la religión es el opio del pueblo.[2] Opio... Opio... Opio, sí. Démosle opio, y que duerma y que sueñe. Yo mismo con esta mi loca actividad me estoy administrando opio. Y no logro dormir bien y menos soñar bien... ¡Esta terrible pesadilla! Y yo también puedo decir con el Divino Maestro: "Mi alma está triste hasta la muerte."[3] No, Lázaro, no; nada de sindicatos por nuestra parte. Si lo forman ellos me parecerá bien, pues que así se distraen. Que jueguen al sindicato, si eso les contenta.

El pueblo todo observó que a Don Manuel le menguaban las fuerzas, que se fatigaba. Su voz misma, aquella voz que era un milagro, adquirió un cierto temblor íntimo. Se le asomaban las lágrimas con cualquier motivo. Y sobre todo cuando hablaba al

---

[1] *pensaren . . . obraren.* Future subjunctive
[2] *que la religión . . . pueblo.* This phrase, which was popular with social and political revolutionaries of the second half of the nineteenth century, is usually attributed to Karl Marx. It occurs apparently for the first time in print in Marx's *Introduction to a Critique of the Hegelian Philosophy of Right*, 1844.
[3] "Mi alma . . . muerte." See Matt. 26:38 and Mark 14:34.

pueblo del otro mundo, de la otra vida, tenía que detenerse a ratos cerrando los ojos. "Es que lo está viendo", decían. Y en aquellos momentos era Blasillo el bobo el que con más cuajo lloraba.[1] Porque ya Blasillo lloraba más que reía, y hasta sus risas sonaban a lloros.

Al llegar la última Semana de Pasión[2] que con nosotros, en nuestro mundo, en nuestra aldea celebró Don Manuel, el pueblo todo presintió el fin de la tragedia. ¡Y cómo sonó entonces aquel: "¡Dios mío, Dios mío!, ¿por qué me has abandonado?", el último que en público sollozó Don Manuel! Y cuando dijo lo del Divino Maestro al buen bandolero —"todos los bandoleros son buenos", solía decir nuestro Don Manuel—, aquello de: "mañana estarás commigo en el paraíso".[3] ¡Y la última comunión general que repartió nuestro santo! Cuando llegó a dársela a mi hermano, esta vez con mano segura, después del litúrgico: "... in vitam aeternam"[4] se le inclinó al oído y le dijo: "No hay más vida eterna que ésta... que la sueñen eterna... eterna de unos pocos años..." Y cuando me la dió a mí me dijo: "Reza, hija mía, reza por nosotros." Y luego, algo tan extraordinario que lo llevo en el corazón como el más grande misterio, y fué que me dijo con voz que parecía de otro mundo: "... y reza también por Nuestro Señor Jesucristo..."

Me levanté sin fuerzas y como sonámbula. Y todo en torno me pareció un sueño. Y pensé: "Habré de rezar también por el lago y por la montaña." Y luego: "¿Es que estaré endemoniada?" Y en casa ya, cojí el crucifijo con el cual en las manos había entregado a Dios su alma mi madre, y mirándolo a través de mis lágrimas y recordando el: "¡Dios mío, Dios mío!, ¿por qué me has abandonado?" de nuestros dos Cristos, el de esta tierra y el de esta aldea, recé, "hágase tu voluntad, así en la tierra como en el cielo", pri-

---

[1] *el que con . . . lloraba* the one who wept most bitterly
[2] *Semana de Pasión.* Holy Week, the week before Easter Sunday
[3] *mañana estarás . . . paraíso.* See Luke 24:43.
[4] *in vitam aeternam.* (Latin) in life everlasting. This is the last article of the modern Credo: "I believe in the resurrection of the flesh and in life everlasting."

mero, y después: "y no nos dejes caer en la tentación, amén".[1]
Luego me volví a aquella imagen de la Dolorosa, con su corazón
traspasado por siete espadas, que había sido el más doloroso consuelo de mi pobre madre, y recé: "Santa María, madre de Dios,
ruega por nosotros, pecadores, ahora y en la hora de nuestra muerte,
amén." Y apenas lo había rezado cuando me dije: "¿pecadores?,
¿nosotros pecadores?, ¿y cuál es nuestro pecado, cuál?" Y anduve
todo el día acongojada por esta pregunta.

Al día siguiente acudí a Don Manuel, que iba adquiriendo una
solemnidad de religioso ocaso,[2] y le dije:

—¿Recuerda, padre mío, cuando hace ya años, al dirigirle yo
una pregunta me contestó: "Eso no me lo preguntéis a mí, que
soy ignorante; doctores tiene la Santa Madre Iglesia que os sabrán
responder"?

—¡ Que si me acuerdo!... y me acuerdo que te dije que ésas eran
preguntas que te dictaba el demonio.

—Pues bien, padre, hoy vuelvo yo, la endemoniada, a dirigirle
otra pregunta que me dicta mi demonio de la guarda.[3]

—Pregunta.

—Ayer, al darme de comulgar, me pidió que rezara por todos
nosotros y hasta por...

—Bien, cállalo y sigue.

—Llegué a casa y me puse a rezar, y al llegar a aquello de "ruega
por nosotros, pecadores, ahora y en la hora de nuestra muerte",
una voz íntima me dijo: "¿pecadores?, ¿pecadores nosotros?, ¿y
cuál es nuestro pecado?" ¿Cuál es nuestro pecado, padre?

—¿Cuál? —me respondió—. Ya lo dijo un gran doctor de la
Iglesia Católica Apostólica Española, ya lo dijo el gran doctor de

<hr>

[1] *"hágase tu voluntad . . . amén"*. Lines from the Lord's Prayer. See Matt.
6:9-13.

[2] *de religioso ocaso*. Literally, of a religious sunset. Poetic imagery to
express the change of manner in Don Manuel as he approaches the end of
his life.

[3] *demonio de la guarda* guardian demon, a variation of the idea of the guardian angel.

La vida es sueño,[1] ya dijo que "el delito mayor del hombre es haber nacido". Ése es, hija, nuestro pecado: el de haber nacido.

—¿Y se cura, padre?[2]

—¡Vete y vuelve a rezar! Vuelve a rezar por nosotros, pecadores, ahora y en la hora de nuestra muerte... Sí, al fin se cura el sueño..., al fin se cura la vida..., al fin se acaba la cruz del nacimiento... Y como dijo Calderón, el hacer bien, y el engañar bien,[3] ni aun en sueños se pierde...

Y la hora de su muerte llegó por fin. Todo el pueblo la veía llegar. Y fué su más grande lección. No quiso morirse ni solo ni ocioso. Se murió predicando al pueblo, en el templo. Primero, antes de mandar que le llevasen a él, pues no podía ya moverse por la perlesía, nos llamó a su casa a Lázaro y a mí. Y allí, los tres a solas, nos dijo:

—Oíd: cuidad de estas pobres ovejas, que se consuelen de vivir, que crean lo que yo no he podido creer. Y tú, Lázaro, cuando hayas de morir, muere como yo, como morirá nuestra Ángela, en el seno de la Santa Madre Católica Apostólica Romana, de la Santa Madre Iglesia de Valverde de Lucerna, bien entendido. Y hasta nunca más ver, pues se acaba este sueño de la vida...[4]

—¡Padre, padre! —gemí yo.

—No te aflijas, Ángela, y sigue rezando por todos los pecadores, por todos los nacidos. Y que sueñen, que sueñen. ¡Qué ganas tengo de dormir, dormir, dormir sin fin, dormir por toda una eternidad y sin soñar!, ¡olvidando el sueño! Cuando me entierren,

[1] *La vida es sueño.* A classic verse-drama of the Spanish theater, composed by Pedro Calderón de la Barca (1600–1681), whose fame rests equally on this outstanding work of the Spanish Golden Age and on his many *autos*, or religious dramas.

[2] *¿Y se cura, padre?* And can it be atoned for, Father?

[3] *el engañar bien.* This phrase has a double sense: to feign good and to deceive well, both of which are appropriate to Don Manuel's mission as he conceives it.

[4] *Y hasta nunca ... vida.* And so farewell forever, for this dream of life is ending. The first part of this sentence is a subtle variation on the Spanish formula, *hasta la vista.*

que sea en una caja hecha con aquellas seis tablas que tallé del viejo nogal, ¡pobrecito!, a cuya sombra jugué de niño, cuando empezaba a soñar... ¡Y entonces sí que creía en la vida perdurable! Es decir, me figuro ahora que creía entonces. Para un niño creer no es más que soñar. Y para un pueblo. Esas seis tablas que tallé con mis propias manos, las encontraréis al pie de mi cama.

Le dió un ahogo[1] y, repuesto de él, prosiguió:

—Recordaréis que cuando rezábamos todos en uno, en unanimidad de sentido, hechos pueblo,[2] el Credo, al llegar al final yo me callaba. Cuando los israelitas iban llegando al fin de su peregrinación por el desierto, el Señor les dijo a Aarón y a Moisés que por no haberle creído no meterían a su pueblo en la tierra prometida, y les hizo subir al monte de Hor, donde Moisés hizo desnudar a Aarón, que allí murió, y luego subió Moisés desde las llanuras de Moab al monte Nebo, a la cumbre del Fasga, enfrente de Jericó, y el Señor le mostró toda la tierra prometida a su pueblo, pero diciéndole a él: "¡No pasarás allá!" y allí murió Moisés y nadie supo su sepultura. Y dejó por caudillo a Josué.[3] Sé tú, Lázaro, mi Josué, y si puedes detener al sol, detenle,[4] y no te importe del progreso. Como Moisés, he conocido al Señor, nuestro supremo ensueño, cara a cara, y ya sabes que dice la Escritura que el que le ve la cara a Dios, que el que le ve al sueño los ojos de la cara con que nos mira, se muere sin remedio y para siempre.[5] Que no le vea, pues, la cara a Dios este nuestro pueblo mientras viva, que después de muerto ya no hay cuidado, pues no verá nada...

[1] *le dió un ahogo* he suffered a choking spell

[2] *hechos pueblo* united: transformed into a people rather than a collection of individuals

[3] *Cuando los israelitas . . . Josué.* This passage refers to the death of Moses as recounted in Deut. 34.

[4] *Sé tú, Lázaro . . . detenle.* Joshua was the leader of the Israelites who took command after the death of Moses. At his command the sun and moon stood still in the heavens during a battle with the Amorites. See Josh. 10:12–14.

[5] *Como Moisés . . . siempre.* The belief was widespread in the ancient world that it was fatal for a mortal to behold the undisguised face of a divine being. This passage refers to Moses' encounter with Jehovah, which is recounted in Exod. 33.

—¡Padre, padre, padre! —volví a gemir.

Y él:

—Tú, Ángela, reza siempre, sigue rezando para que los pecadores todos sueñen hasta morir la resurrección de la carne y la vida perdurable...

Yo esperaba un "¿y quién sabe...?", cuando le dió otro ahogo a Don Manuel.

—Y ahora —añadió—, ahora, en la hora de mi muerte, es hora de que hagáis que se me lleve, en este mismo sillón, a la iglesia para despedirme allí de mi pueblo, que me espera.

Se le llevó a la iglesia y se le puso, en el sillón, en el presbiterio, al pie del altar. Tenía entre sus manos un crucifijo. Mi hermano y yo nos pusimos junto a él, pero fué Blasillo el bobo quien más se arrimó.[1] Quería cojer de la mano a Don Manuel, besársela. Y como algunos trataran de impedírselo, Don Manuel les reprendió diciéndoles:

—Dejadle que se me acerque. Ven, Blasillo, dame la mano.

El bobo lloraba de alegría. Y luego Don Manuel dijo:

—Muy pocas palabras, hijos míos, pues apenas me siento con fuerzas sino para morir. Y nada nuevo tengo que deciros. Ya os lo dije todo. Vivid en paz y contentos y esperando que todos nos veamos un día, en la Valverde de Lucerna que hay allí, entre las estrellas de la noche que se reflejan en el lago, sobre la montaña. Y rezad, rezad a María Santísima, rezad a Nuestro Señor. Sed buenos, que esto basta. Perdonadme el mal que haya podido haceros sin quererlo y sin saberlo. Y ahora, después de que os dé mi bendición, rezad todos a una el Padrenuestro, el Ave María, la Salve, y por último el Credo.[2]

Luego, con el crucifijo que tenía en la mano dió la bendición al pueblo, llorando las mujeres y los niños y no pocos hombres, y en seguida empezaron las oraciones, que Don Manuel oía en silencio

---

[1] *quien más se arrimó* who stood closest to him

[2] *rezad todos . . . Credo* pray all together the Lord's Prayer, the Hail Mary, the Salve Regina, and finally, the Apostles' Creed

y cojido de la mano por Blasillo, que al son del ruego se iba durmiendo. Primero el Padrenuestro con su "hágase tu voluntad así en la tierra como en el cielo," luego el Santa María con su "ruega por nosotros, pecadores, ahora y en la hora de nuestra muerte," a seguida la Salve con su "gimiendo y llorando en este valle de lágrimas," y por último el Credo. Y al llegar a la "resurrección de la carne y la vida perdurable," todo el pueblo sintió que su santo había entregado su alma a Dios. Y no hubo que cerrarle los ojos, porque se murió con ellos cerrados. Y al ir a despertar a Blasillo nos encontramos con que se había dormido en el Señor para siempre. Así que hubo luego que enterrar dos cuerpos.

El pueblo todo se fué en seguida a la casa del santo a recojer reliquias, a repartirse retazos de sus vestiduras, a llevarse lo que pudieran como reliquia y recuerdo del bendito mártir. Mi hermano guardó su breviario, entre cuyas hojas encontró, desecada y como en un herbario, una clavellina pegada a un papel y en éste una cruz con una fecha.

Nadie en el pueblo quiso creer en la muerte de Don Manuel; todos esperaban verle a diario, y acaso le veían, pasar a lo largo del lago y espejado en él o teniendo por fondo las montañas;[1] todos seguían oyendo su voz, y todos acudían a su sepultura, en torno a la cual surgió todo un culto.[2] Las endemoniadas venían ahora a tocar la cruz de nogal, hecha también por sus manos y sacada del mismo árbol de donde sacó las seis tablas en que fué enterrado. Y los que menos queríamos creer que se hubiese muerto éramos mi hermano y yo.

Él, Lázaro, continuaba la tradición del santo y empezó a redactar lo que le había oído, notas de que me he servido para esta mi memoria.

---

[1] *o teniendo por fondo las montañas* or against the background of the mountains

[2] *en torno a . . . culto* around which a whole cult grew up

—Él me hizo un hombre nuevo, un verdadero Lázaro, un resucitado[1] —me decía—. Él me dió fe.

—¿Fe? —le interrumpía yo.

—Sí, fe, fe en el consuelo de la vida, fe en el contento de la vida. Él me curó de mi progresismo.[2] Porque hay, Ángela, dos clases de hombres peligrosos y nocivos: los que convencidos de la vida de ultratumba, de la resurrección de la carne, atormentan, como inquisidores que son, a los demás para que, despreciando esta vida como transitoria, se ganen la otra, y los que no creyendo más que en este...

—Como acaso tú... —le decía yo.

—Y sí, y como Don Manuel. Pero no creyendo más que en este mundo, esperan no sé qué sociedad futura, y se esfuerzan en negarle al pueblo el consuelo de creer en otro...

—De modo que...

—De modo que hay que hacer que vivan de la ilusión.

El pobre cura que llegó a sustituir a Don Manuel en el curato entró en Valverde de Lucerna abrumado por el recuerdo del santo y se entregó a mi hermano y a mí para que le guiásemos. No quería sino seguir las huellas del santo. Y mi hermano le decía: "Poca teología, ¿eh?, poca teología; religión, religión." Y yo al oírselo me sonreía pensando si es que no era también teología lo nuestro.[3]

Yo empecé entonces a temer por mi pobre hermano. Desde que se nos murió Don Manuel no cabía decir que viviese.[4] Visitaba a diario su tumba y se pasaba horas muertas contemplando el lago. Sentía morriña de la paz verdadera.

[1] *un verdadero . . . resucitado.* The reference here is to Lazarus of Bethany, whom Christ raised from the dead. See John 11:1–45.

[2] *progresismo:* progressivism, a philosophy or attitude which advocates reform in social and economic matters.

[3] *Y yo al oírselo . . . nuestro.* And I smiled on hearing that from him, wondering if our beliefs were not a sort of theology, too.

[4] *no cabía . . . viviese* it could not really be said that he was living

—No mires tanto al lago —le decía yo.

—No, hermana, no temas. Es otro el lago que me llama; es otra la montaña. No puedo vivir sin él.

—¿Y el contento de vivir, Lázaro, el contento de vivir?

—Eso para otros pecadores, no para nosotros, que le hemos visto la cara a Dios, a quienes nos ha mirado con sus ojos el sueño de la vida.[1]

—¿Qué, te preparas a ir a ver a Don Manuel?

—No, hermana, no; ahora y aquí en casa, entre nosotros solos, toda la verdad por amarga que sea, amarga como el mar a que van a parar las aguas de este dulce lago, toda la verdad para ti, que estás abroquelada contra ella...

—¡No, no, Lázaro; ésa no es la verdad!

—La mía, sí.

—La tuya, ¿pero y la de...?

—También la de él.

—¡Ahora no, Lázaro; ahora no! Ahora cree otra cosa, ahora cree...

—Mira, Ángela, una de las veces en que al decirme Don Manuel que hay cosas que aunque se las diga uno a sí mismo debe callárselas a los demás, le repliqué que me decía eso por decírselas a él, esas mismas, a sí mismo,[2] y acabó confesándome que creía que más de uno de los más grandes santos, acaso el mayor, había muerto sin creer en la otra vida.

—¿Es posible?

—¡Y tan posible! Y ahora, hermana, cuida que no sospechen siquiera aquí, en el pueblo, nuestro secreto...

—¿Sospecharlo? —le dije—. Si intentase, por locura, explicárselo, no lo entenderían. El pueblo no entiende de palabras; el pueblo no ha entendido más que vuestras obras. Querer exponerles

---

[1] *Eso para otros . . . vida.* That is something for other sinners, not for us, who have looked upon the face of God, whose eyes have looked upon our dream of life.

[2] *le repliqué . . . mismo* I answered that he was saying those things to me in order to say them to himself, those very things to himself

eso sería como leer a unos niños de ocho años unas páginas de Santo Tomás de Aquino... en latín.[1]

—Bueno, pues cuando yo me vaya, reza por mí y por él y por todos.

Y por fin le llegó también su hora. Una enfermedad que iba minando su robusta naturaleza pareció exacerbársele con la muerte de Don Manuel.

—No siento tanto tener que morir —me decía en sus últimos días—, como que conmigo se muere otro pedazo del alma de Don Manuel. Pero lo demás de él vivirá contigo. Hasta que un día hasta los muertos nos moriremos del todo.[2]

Cuando se hallaba agonizando[3] entraron, como se acostumbra en nuestras aldeas, los del pueblo a verle agonizar, y encomendaban su alma a Don Manuel, a San Manuel Bueno, el mártir. Mi hermano no les dijo nada, no tenía ya nada que decirles; les dejaba dicho todo, todo lo que queda dicho. Era otra laña más entre las dos Valverdes de Lucerna, la del fondo del lago y la que en su sobrehaz se mira; era ya uno de nuestros muertos de vida,[4] uno también, a su modo, de nuestros santos.

Quedé más que desolada, pero en mi pueblo y con mi pueblo. Y ahora, al haber perdido a mi San Manuel, al padre de mi alma, y a mi Lázaro, mi hermano aún más que carnal, espiritual, ahora es cuando me doy cuenta de que he envejecido y de cómo he envejecido. Pero ¿es que los he perdido?, ¿es que he envejecido?, ¿es que me acerco a mi muerte?

¡Hay que vivir! Y él me enseñó a vivir, él nos enseñó a vivir,

[1] St. Thomas Aquinas (1225–1274), Italian scholastic philosopher whose two great *Summae*, written in Latin, served as a source of religious authority and as models of complex theological disputation throughout the late Middle Ages and still have great influence in the Catholic world.

[2] *Hasta que . . . todo.* Until one day even we dead will die completely; that is, the dead live on in the memory of the living, until finally even the memory is gone and death is complete.

[3] *Cuando se hallaba agonizando.* When he was in the throes of death

[4] *uno de . . . vida* another of us who had died of being alive

39

a sentir la vida, a sentir el sentido de la vida, a sumergirnos en el alma de la montaña, en el alma del lago, en el alma del pueblo de la aldea, a perdernos en ellas para quedar en ellas. Él me enseñó con su vida a perderme en la vida del pueblo de mi aldea, y no sentía yo más pasar las horas, y los días y los años, que no sentía pasar el agua del lago. Me parecía como si mi vida hubiese de ser siempre igual. No me sentía envejecer. No vivía yo ya en mí, sino que vivía en mi pueblo y mi pueblo vivía en mí. Yo quería decir lo que ellos, los míos, decían sin querer.[1] Salía a la calle, que era la carretera, y como conocía a todos, vivía en ellos y me olvidaba de mí, mientras que en Madrid, donde estuve alguna vez con mi hermano, como a nadie conocía, sentíame en terrible soledad y torturada por tantos desconocidos.

Y ahora, al escribir esta memoria, esta confesión íntima de mi experiencia de la santidad ajena, creo que Don Manuel Bueno, que mi San Manuel y que mi hermano Lázaro se murieron creyendo no creer lo que más nos interesa, pero sin creer creerlo, creyéndolo en una desolación activa y resignada.

Pero ¿por qué —me he preguntado muchas veces— no trató Don Manuel de convertir a mi hermano también con un engaño, con una mentira, fingiéndose creyente sin serlo? Y he comprendido que fué porque comprendió que no le engañaría, que para con él no le serviría el engaño, que sólo con la verdad, con su verdad, le convertiría; que no habría conseguido nada si hubiese pretendido representar para con él una comedia —tragedia más bien—, la que representaba para salvar al pueblo. Y así le ganó, en efecto, para su piadoso fraude; así le ganó con la verdad de muerte a la razón de vida.[2] Y así me ganó a mí, que nunca dejé transparentar a los otros su divino, su santísimo juego. Y es que

¹ *Yo quería decir . . . querer.* Literally, I wanted to say what they, my people, said without thinking. Ángela implies here by a subtle use of language (*querer decir* to mean or signify; *sin querer* by accident, or intuitively) that she is attempting to identify herself with the intuitive and unconscious currents of life in her village.

² *así le ganó . . . vida* and thus he won him over with the truth of death to the purpose of life

creía y creo que Dios nuestro Señor, por no sé qué sagrados y no escrudiñaderos designios,[1] les hizo creerse incrédulos. Y que acaso en el acabamiento de su tránsito se les cayó la venda.[2] ¿Y yo, creo?

Y al escribir esto ahora, aquí, en mi vieja casa materna, a mis más que cincuenta años, cuando empiezan a blanquear con mi cabeza mis recuerdos,[3] está nevando, nevando sobre el lago, nevando sobre la montaña, nevando sobre las memorias de mi padre, el forastero; de mi madre, de mi hermano Lázaro, de mi pueblo, de mi San Manuel, y también sobre la memoria del pobre Blasillo, de mi San Blasillo, y que él me ampare desde el cielo. Y esta nieve borra esquinas y borra sombras, pues hasta de noche la nieve alumbra.[4] Y yo no sé lo que es verdad y lo que es mentira, ni lo que vi y lo que sólo soñé —o mejor lo que soñé y lo que sólo vi—, ni lo que supe ni lo que creí. No sé si estoy traspasando a este papel, tan blanco como la nieve, mi conciencia que en él se ha de quedar, quedándome yo sin ella. ¿Para qué tenerla ya...?

¿Es que sé algo?, ¿es que creo algo? ¿Es que esto que estoy aquí contando ha pasado y ha pasado tal y como lo cuento? ¿Es que pueden pasar estas cosas? ¿Es que todo esto es más que un sueño soñado dentro de otro sueño? ¿Seré yo, Ángela Carballino, hoy cincuentona, la única persona que en esta aldea se ve acometida de estos pensamientos extraños para los demás? ¿Y éstos, los otros, los que me rodean, creen? ¿Qué es eso de creer? Por lo menos, viven. Y ahora creen en San Manuel Bueno, mártir, que sin esperar inmortalidad les mantuvo en la esperanza de ella.

Parece que el ilustrísimo señor obispo, el que ha promovido el

[1] *por no sé qué . . . designios* for I know not what holy and inscrutable purposes
[2] *Y que acaso . . . venda.* And perhaps in the moment of their passing the blindfold fell from their eyes.
[3] *cuando empiezan . . . recuerdos* as my memories begin to fade out along with the color of my hair
[4] *Y esta nieve . . . alumbra.* And this snow erases sharp corners and erases shadows, for even at night the snow shines, reflects light.

proceso de beatificación de nuestro santo de Valverde de Lucerna, se propone escribir su vida, una especie de manual del perfecto párroco, y recoje para ello toda clase de noticias. A mí me las ha pedido con insistencia, ha tenido entrevistas conmigo, le he dado toda clase de datos, pero me he callado siempre el secreto trágico de Don Manuel y de mi hermano. Y es curioso que él no lo haya sospechado. Y confío en que no llegue a su conocimiento todo lo que en esta memoria dejo consignado. Les temo a las autoridades de la tierra, a las autoridades temporales, aunque sean las de la Iglesia.

Pero aquí queda esto, y sea de su suerte lo que fuere.[1]

¿Cómo vino a parar a mis manos este documento, esta memoria de Ángela Carballino? He aquí algo, lector, algo que debo guardar en secreto. Te la doy tal y como a mí ha llegado, sin más que corregir pocas, muy pocas particularidades de redacción. ¿Que se parece mucho a otras cosas que yo he escrito? Esto nada prueba contra su objetividad, su originalidad. ¿Y sé yo, además, si no he creado fuera de mí seres reales y efectivos, de *alma inmortalidad*?[2] Sé yo si aquel Augusto Pérez, el de mi novela *Niebla*, no tenía razón al pretender ser más real, más objetivo que yo mismo, que creía haberle inventado?[3] De la realidad de este San Manuel Bueno, mártir, tal como me le ha revelado su discípula e hija espiritual Ángela Carballino, de esta realidad no se me ocurre dudar. Creo en ella más que creía el mismo santo; creo en ella más que creo en mi propia realidad.

Y ahora, antes de cerrar este epílogo, quiero recordarte, lector paciente, el versillo noveno de la Epístola del olvidado apóstol

---

[1] *y sea de su suerte . . . fuere* and let its fate be what it may. *Fuere*, future subjunctive of *ser*.

[2] *seres reales . . . inmortalidad* real, living beings of immortal soul

[3] Augusto Pérez is the protagonist of Unamuno's earlier novel, *Niebla*. At one point Augusto rebels against the plot of the novel and the tyranny of the author and seeks to establish his own identity.

San Judas[1] —¡lo que hace un nombre!—, donde se nos dice cómo mi celestial patrono, San Miguel Arcángel —Miguel quiere decir "¿Quién como Dios?", y arcángel, archimensajero—, disputó con el diablo —diablo quiere decir acusador, fiscal— por el cuerpo de Moisés y no toleró que se lo llevase en juicio de maldición,[2] sino que le dijo al diablo: "El Señor te reprenda." Y el que quiera entender que entienda.[3]

Quiero también, ya que Ángela Carballino mezcló a su relato sus propios sentimientos, ni sé que otra cosa quepa,[4] comentar yo aquí lo que ella dejó dicho de que si Don Manuel y su discípulo Lázaro hubiesen confesado al pueblo su estado de creencia, éste, el pueblo, no les habría entendido. Ni les habría creído, añado yo. Habrían creído a sus obras y no a sus palabras, porque las palabras no sirven para apoyar las obras, sino que las obras se bastan. Y para un pueblo como el de Valverde de Lucerna no hay más confesión que la conducta. Ni sabe el pueblo qué cosa es fe, ni acaso le importa mucho.

Bien sé que en lo que se cuenta en este relato, si se quiere novelesco —y la novela es la más íntima historia, la más verdadera, por lo que no me explico que haya quien se indigne de que se llame novela al Evangelio,[5] lo que es elevarle, en realidad, sobre un cronicón cualquiera—, bien sé que en lo que se cuenta en este relato no pasa nada; mas espero que sea porque en ello todo se queda, como se quedan los lagos y las montañas y las santas almas sencillas asentadas más allá de la fe y de la desesperación que en ellos, en los lagos y las montañas, fuera de la historia, en divina novela, se cobijaron.

Salamanca, noviembre de 1930.

[1] *la Epístola . . . Judas.* A letter, possibly written by a younger brother of Jesus, which forms part of the New Testament Apocrypha. The letter has no connection with the Apostle, Judas Iscariot, as Unamuno makes clear.

[2] *en juicio de maldición* under judgment of damnation

[3] *Y el que . . . entienda.* And let him understand who wishes to understand.

[4] *ni sé que . . . quepa* and I don't know that anything else would be fitting or possible

[5] *Evangelio* the first four books of the New Testament, the Gospels

NADA MENOS QUE TODO
UN HOMBRE

La fama de la hermosura de Julia estaba esparcida por toda la comarca que ceñía a la vieja ciudad de Renada; era Julia algo así como su belleza oficial, o como un monumento más, pero viviente y fresco, entre los tesoros arquitectónicos de la capital. "Voy a Renada —decían algunos— a ver la Catedral y a ver a Julia Yáñez." Había en los ojos de la hermosa como un agüero de tragedia. Su porte inquietaba a cuantos la miraban. Los viejos se entristecían al verla pasar, arrastrando tras sí las miradas de todos, y los mozos se dormían aquella noche más tarde. Y ella, consciente de su poder, sentía sobre sí la pesadumbre de un porvenir fatal. Una voz muy recóndita, escapada de lo más profundo de su conciencia, parecía decirle: "¡Tu hermosura te perderá!" Y se distraía para no oírla.

El padre de la hermosura regional, don Victorino Yáñez, sujeto de muy brumosos antecedentes morales, tenía puestas en la hija todas sus últimas y definitivas esperanzas de redención económica. Era agente de negocios, y éstos le iban de mal en peor. Su último y supremo negocio, la última carta que le quedaba por jugar, era la hija. Tenía también un hijo; pero era cosa perdida, y hacía tiempo que ignoraba su paradero.

—Ya no nos queda más que Julia —solía decirle a su mujer—; todo depende de cómo se nos case o de cómo la casemos. Si hace una tontería, y me temo que la haga, estamos perdidos.

—¿Y a qué le llamas hacer una tontería?

—Ya saliste tú con otra.[1] Cuando digo que apenas si tienes sentido común, Anacleta...

---

[1] *Ya . . . otra,* i.e. *otra tontería* You've just come out with another (stupidity)

—¡Y qué le voy a hacer, Victorino! Ilústrame tú, que eres aquí el único de algún talento...

—Pues lo que aquí hace falta, ya te lo he dicho cien veces, es que vigiles a Julia y le impidas que ande con esos noviazgos estúpidos, en que pierden el tiempo, las proporciones y hasta la salud las renatenses todas.[1] No quiero nada de reja, nada de pelar la pava; nada de novios estudiantillos.[2]

—¿Y qué le voy a hacer?

—¿Qué le vas a hacer? Hacerla comprender que el porvenir y el bienestar de todos nosotros, de ti y mío, y la honra, acaso, ¿lo entiendes...?

—Sí, lo entiendo.

—¡No, no lo entiendes! La honra, ¿lo oyes?, la honra de la familia depende de su casamiento. Es menester que se haga valer.[3]

—¡Pobrecilla!

—¿Pobrecilla? Lo que hace falta es que no empiece a echarse novios absurdos,[4] y que no lea esas novelas disparatadas que lee y que no hacen sino levantarle los cascos[5] y llenarle la cabeza de humo.

—¡Pero y qué quieres que haga...!

—Pensar con juicio, y darse cuenta de lo que tiene con su hermosura, y saber aprovecharla.

—Pues yo, a su edad...

—¡Vamos, Anacleta, no digas más necedades! No abres la boca más que para decir majaderías. Tú, a su edad... Tú, a su edad... Mira que te conocí entonces...

—Sí, por desgracia...

Y separábanse los padres de la hermosura para recomenzar al siguiente día una conversación parecida.

Y la pobre Julia sufría, comprendiendo toda la hórrida hondura

[1] *las renatenses todas* all the girls of Renada
[2] *No quiero . . . estudiantillos.* I don't want any flirting at the window, no whispered conversations through the grill, no college-boy suitors.
[3] *que se haga valer* that she make something of herself
[4] *a echarse . . . absurdos* to get mixed up with impossible boy friends
[5] *casco* head, skull; *levantarle (a uno) los cascos* to turn one's head

48

de los cálculos de su padre. "Me quiere vender —se decía—, para salvar sus negocios comprometidos; para salvarse acaso del presidio." Y así era.

Y por instinto de rebelión, aceptó Julia al primer novio.

—Mira, por Dios, hija mía —le dijo su madre—, que ya sé lo que hay,[1] y le he visto rondando la casa, y hacerte señas, y sé que recibiste una carta suya, y que le contestaste...

—¿Y qué voy a hacer, mamá? ¿Vivir como una esclava, prisionera, hasta que venga el sultán a quien papá me venda?

—No digas esas cosas, hija mía...

—¿No he de poder tener un novio, como le tienen las demás?

—Sí, pero un novio formal.

—¿Y cómo se va a saber si es formal o no? Lo primero es empezar. Para llegar a quererse, hay que tratarse antes.

—Quererse..., quererse...

—Vamos, sí, que debo esperar al comprador.

—Ni contigo ni con tu padre se puede.[2] Así sois los Yáñez. ¡Ay, el día que me casé!

—Es lo que yo no quiero tener que decir un día.

Y la madre, entonces, la dejaba. Y ella, Julia, se atrevió, afrontando todo, a bajar a hablar con el primer novio a una ventana del piso bajo, en una especie de lonja. "Si mi padre nos sorprende así —pensaba—, es capaz de cualquier barbaridad conmigo. Pero, mejor, así se sabrá que soy una víctima, que quiere especular con mi hermosura." Bajó a la ventana, y en aquella primera entrevista le contó a Enrique, un incipiente tenorio[3] renatense, todas las lóbregas miserias morales de su hogar. Venía a salvarla, a redimirla. Y Enrique sintió, a pesar de su embobecimiento por la hermosa, que le abatían los bríos. "A esta mocita —se dijo él— le da por

[1] *que ya* . . . *hay* I know what is going on
[2] *Ni contigo* . . . *se puede.* You and your father are both impossible.
[3] *tenorio* lady-killer. The name comes from the semi-legendary figure, Don Juan Tenorio, protagonist of Tirso de Molina's play, *El burlador de Sevilla.* The figure was brought into English literature through Lord Byron's poem *Don Juan.* English uses the phrase "a Don Juan" in the same way that Spanish uses "un tenorio."

49

lo trágico; lee novelas sentimentales." Y una vez que logró que se supiera en todo Renada cómo la consagrada hermosura regional le había admitido a su ventana, buscó el medio de desentenderse del compromiso. Bien pronto lo encontró. Porque una mañana bajó Julia descompuesta, con los espléndidos ojos enrojecidos, y le dijo:

—¡Ay, Enrique!; esto no se puede ya tolerar; esto no es casa ni familia: esto es un infierno. Mi padre se ha enterado de nuestras relaciones, y está furioso. ¡Figúrate que anoche, porque me defendí, llegó a pegarme![1]

—¡Qué bárbaro!

—No lo sabes bien. Y dijo que te ibas a ver con él...

—¡A ver, que venga! Pues no faltaba más.[2]

Mas por lo bajo se dijo: "Hay que acabar con esto, porque ese ogro es capaz de cualquier atrocidad si ve que le van a quitar su tesoro; y como yo no puedo sacarle de trampas..."

—Di, Enrique, ¿tú me quieres?

—¡Vaya una pregunta ahora...![3]

—Contesta, ¿me quieres?

—¡Con toda el alma y con todo el cuerpo, nena!

—¿Pero de veras?

—¡Y tan de veras![4]

—¿Estás dispuesto a todo por mí?

—¡A todo, sí!

—Pues bien, róbame, llévame. Tenemos que escaparnos; pero muy lejos, muy lejos, adonde no pueda llegar mi padre.

—¡Repórtate, chiquilla!

—No, no, róbame; si me quieres, róbame! ¡Róbale a mi padre su tesoro, y que no pueda venderlo! ¡No quiero ser vendida: quiero ser robada! ¡Róbame!

Y se pusieron a concertar la huída.

---

[1] *llegó a pegarme* he went so far as to hit me
[2] *no faltaba más* the very idea!
[3] *¡Vaya . . . ahora!* Well, now, what a question!
[4] *¡Y tan de veras!* Yes, really and truly!

Pero al siguiente día, el fijado[1] para la fuga, y cuando Julia tenía preparado su hatito de ropa, y hasta avisado secretamente el coche, Enrique no compareció. "¡Cobarde, más que cobarde! ¡Vil, más que vil! —se decía la pobre Julia, echada sobre la cama y mordiendo de rabia la almohada—. ¡Y decía quererme! No, no me quería a mí; quería mi hermosura. ¡Y ni esto! Lo que quería es jactarse ante toda Renada de que yo, Julia Yáñez, ¡nada menos que yo!, le había aceptado por novio. Y ahora irá diciendo cómo le propuse la fuga. ¡Vil, vil, vil! ¡Vil como mi padre; vil como hombre!" Y cayó en mayor desesperación.

—Ya veo, hija mía —le dijo su madre—, que eso ha acabado, y doy gracias a Dios por ello. Pero mira, tiene razón tu padre: si sigues así, no harás más que desacreditarte.

—¿Si sigo cómo?

—Así, admitiendo al primero que te solicite. Adquirirás fama de coqueta y...

—Y mejor, madre, mejor. Así acudirán más. Sobre todo, mientras no pierda lo que Dios me ha dado.

—¡Ay, ay! De la casta de tu padre, hija.

Y, en efecto, poco después admitía a otro pretendiente a novio. Al cual le hizo las mismas confidencias, y le alarmó lo mismo que a Enrique. Sólo que Pedro era de más recio corazón. Y por los mismos pasos contados llegó a proponerle lo de la fuga.

—Mira, Julia —le dijo Pedro—, yo no me opongo a que nos fuguemos; es más, estoy encantado con ello, ¡figúrate tú! Pero y después que nos hayamos fugado, ¿adónde vamos, qué hacemos?

—¡Eso se verá!

—¡No, eso se verá, no! Hay que verlo ahora. Yo, hoy por hoy, y durante algún tiempo, no tengo de qué mantenerte; en mi casa sé que no nos admitirían; ¡y en cuanto a tu padre...! De modo que, dime, ¿qué hacemos después de la fuga?

—¿Qué? ¿No vas a volverte atrás?[2]

---

[1] *el fijado*, i.e. *el día fijado*
[2] *¿No vas . . . atrás?* You're not going to back out?

—¿Qué hacemos?

—¿No vas a acobardarte?

—¿Qué hacemos, di?

—Pues... ¡suicidarnos!

—¡Tú estás loca, Julia!

—Loca, sí; loca de desesperación, loca de asco, loca de horror a este padre que me quiere vender... Y si tú estuvieses loco, loco de amor por mí, te suicidarías conmigo.

—Pero advierte, Julia, que tú quieres que esté loco de amor por ti para suicidarme contigo, y no dices que te suicidarás conmigo por estar loca de amor por mí, sino loca de asco a tu padre y a tu casa. ¡No es lo mismo!

—¡Ah! ¡Qué bien discurres! ¡El amor no discurre!

Y rompieron también sus relaciones. Y Julia se decía: "Tampoco éste me quería a mí, tampoco éste. Se enamoran de mi hermosura, no de mí. ¡Yo doy cartel!"[1] Y lloraba amargamente.

—¿Ves, hija mía —le dijo su madre—: no lo decía? ¡Ya va otro!

—E irán cien, mamá; ciento, sí, hasta que encuentre el mío, el que me liberte de vosotros. ¡Querer venderme!

—Eso díselo a tu padre.

Y se fué doña Anacleta a llorar a su cuarto, a solas.

—Mira, hija mía —le dijo, al fin, a Julia su padre—, he dejado pasar eso de tus dos novios, y no he tomado las medidas que debiera;[2] pero te advierto que no voy a tolerar más tonterías de ésas. Conque ya lo sabes.[3]

—¡Pues hay más! —exclamó la hija con amarga sorna y mirando a los ojos de su padre en son de desafío.

—¿Y qué hay? —preguntó éste, amenazador.

—Hay... ¡que me ha salido otro novio![4]

—¿Otro? ¿Quién?

---

[1] ¡Yo doy cartel! I am good advertising, I furnish prestige.
[2] no he tomado . . . debiera. I have not taken the necessary measures
[3] Conque ya lo sabes. So now you know.
[4] ¡que me ha . . . novio! I have another suitor!

—¿Quién? ¿A que no aciertas quién?[1]

—Vamos, no te burles, y acaba, que me estás haciendo perder la paciencia.

—Pues nada menos que don Alberto Menéndez de Cabuérniga.

—¡Qué barbaridad! —exclamó la madre. Don Victorino palideció, sin decir nada. Don Alberto Menéndez de Cabuérniga era un riquísimo hacendado, disoluto, caprichoso en punto a mujeres,[2] de quien se decía que no reparaba en gastos para conseguirlas; casado, y separado de su mujer. Había casado ya a dos, dotándolas espléndidamente.

—¿Y qué dices a eso, padre? ¿Te callas?

—¡Que estás loca!

—No, no estoy loca ni veo visiones. Pasea la calle, ronda la casa. ¿Le digo que se entienda contigo?

—Me voy, porque si no, esto acaba mal.

Y levantándose, el padre se fué de casa.

—¡Pero, hija mía, hija mía!

—Te digo, madre, que esto ya no le parece mal; te digo que era capaz de venderme a don Alberto.

La voluntad de la pobre muchacha se iba quebrantando. Comprendía que hasta una venta sería una redención. Lo esencial era salir de casa, huir de su padre, fuese como fuese.[3]

Por entonces compró una dehesa en las cercanías de Renada —una de las más ricas y espaciosas dehesas— un indiano, Alejandro Gómez. Nadie sabía bien de su origen, nadie de sus antecedentes, nadie le oyó hablar nunca ni de sus padres, ni de sus parientes, ni de su pueblo, ni de su niñez. Sabíase sólo que, siendo muy niño, había sido llevado por sus padres a Cuba, primero, y a Méjico, después, y que allí, ignorábase cómo había fraguado una enorme fortuna, una fortuna fabulosa —hablábase de varios millones de duros—, antes de cumplir los treinta y cuatro años, en que volvió

---

[1] *¿A que . . . quien?* Why don't you try to guess who?
[2] *en punto a mujeres* in the matter of women
[3] *fuese como fuese* no matter how, regardless of consequences

a España, resuelto a afincarse en ella. Decíase que era viudo y sin hijos, que corrían respecto a él las más fantásticas leyendas. Los que le trataban teníanle por hombre ambicioso y de vastos proyectos, muy voluntarioso, y muy tozudo, y muy reconcentrado. Alardeaba de plebeyo.[1]

—Con dinero se va a todas partes —solía decir.

—No siempre, ni todos —le replicaban.

—¡Todos, no; pero los que han sabido hacerlo, sí! Un señoritingo de esos que lo han heredado, un condesito o duquesín de alfeñique,[2] no, no va a ninguna parte, por muchos millones que tenga; ¿pero yo? ¿Yo? ¿Yo, que he sabido hacerlo por mí mismo, a puño?[3] ¿Yo?

¡Y había que oír cómo pronunciaba "yo"! En esta afirmación personal se ponía el hombre todo.

—Nada que de veras me haya propuesto he dejado de conseguir. ¡Y si quiero, llegaré a ministro! Lo que hay[4] es que yo no lo quiero.

A Alejandro le hablaron de Julia, la hermosura monumental de Renada. "¡Hay que ver eso!" —se dijo—. Y luego que la vió: "¡Hay que conseguirla!"

—¿Sabes, padre —le dijo un día al suyo Julia—, que ese fabuloso Alejandro, ya sabes, no se habla más que de él hace algún tiempo... el que ha comprado Carbajedo...?[5]

—¡Sí, sí, sé quién es! ¿Y qué?

—¿Sabes que también ése me ronda?

—¿Es que quieres burlarte de mí, Julia?

—No, no me burlo, va en serio; me ronda.

—¡Te digo que no te burles...!

[1] *Alardeaba de plebeyo.* He boasted that he was a plebeian.

[2] *señoritingo . . . condesito o duquesín de alfeñique* (derogatory, scornful terminology) would-be lordling, insignificant, little count or squeamish sugar-paste duke

[3] *a puño* with my own fists

[4] *Lo que hay* The fact is

[5] *Carbajedo* Name of the *dehesa* (pasture land and estate) purchased by Alejandro Gómez.

—¡Ahí tienes su carta!

Y sacó del seno una, que echó a la cara de su padre.

—¿Y qué piensas hacer? —le dijo éste.

—¡Pues qué he de hacer...! ¡Decirle que se vea contigo y que convengáis el precio!

Don Victorino atravesó con una mirada a su hija y se salió sin decirle palabra. Y hubo unos días de lóbrego silencio y de calladas cóleras en la casa. Julia había escrito a su nuevo pretendiente una carta contestación henchida de sarcasmos y de desdenes, y poco después recibía otra con estas palabras, trazadas por mano ruda y en letras grandes, angulosas y claras: "Usted acabará siendo mía. Alejandro Gómez sabe conseguir todo lo que se propone." Y al leerlo, se dijo Julia: "¡Este es un hombre! ¿Será mi redentor? ¿Seré yo su redentora?" A los pocos días de esta segunda carta llamó don Victorino a su hija, se encerró con ella y casi de rodillas y con lágrimas en los ojos le dijo:

—Mira, hija mía, todo depende ahora de tu resolución: nuestro porvenir y mi honra. Si no aceptas a Alejandro, dentro de poco no podré ya encubrir mi ruina y mis trampas, y hasta mis...

—No lo digas.

—No, no podré encubrirlo. Se acaban los plazos. Y me echarán a presidio. Hasta hoy he logrado parar el golpe...[1] ¡por ti! ¡Invocando tu nombre! Tu hermosura ha sido mi escudo. "Pobre chica", se decían.

—¿Y si le acepto?

—Pues bien; voy a decirte la verdad toda. Ha sabido mi situación, se ha enterado de todo, y ahora estoy ya libre y respiro,[2] gracias a él. Ha pagado todas mis trampas; ha liberado mis...

—Sí, lo sé, no lo digas. ¿Y ahora?

—Que dependo de él, que dependemos de él, que vivo a sus expensas, que vives tú misma a sus expensas.

—Es decir, ¿que me has vendido ya?

---

[1] *parar el golpe* ward off the blow
[2] *y ahora . . . respiro* and now I am free and can breathe easily

—No, nos ha comprado.

—¿De modo que, quieras que no,[1] soy ya suya?

—¡No, no exige eso; no pide nada, no exige nada!

—¡Qué generoso!

—¡Julia!

—Sí, sí, lo he comprendido todo. Dile que, por mí, puede venir cuando quiera.

Y tembló después de decirlo. ¿Quién había dicho esto? ¿Era ella? No; era más bien otra que llevaba dentro y la tiranizaba.

—¡Gracias, hija mía, gracias!

El padre se levantó para ir a besar a su hija; pero ésta, rechazándole, exclamó:

—¡No, no me manches!

—Pero, hija.

—¡Vete a besar tus papeles! O mejor, las cenizas de aquellos que te hubiesen echado a presidio.

—¿No le dije yo a usted, Julia, que Alejandro Gómez sabe conseguir todo lo que se propone? ¿Venirme con aquellas cosas a mí? ¿A mí?

Tales fueron las primeras palabras con que el joven indiano potentado se presentó a la hija de don Victorino, en la casa de ésta. Y la muchacha tembló ante aquellas palabras, sintiéndose, por primera vez en su vida, ante un hombre. Y el hombre se le ofreció más rendido y menos grosero que ella esperaba.

A la tercera visita, los padres los dejaron solos. Julia temblaba. Alejandro callaba. Temblor y silencio se prolongaron un rato.

—Parece que está usted mala, Julia —dijo él.

—¡No, no; estoy bien!

—Entonces, ¿por qué tiembla así?

—Algo de frío acaso...

—No, sino miedo.

—¿Miedo? ¿Miedo de qué?

---

[1] *quieras que no* like it or not

56

—¡Miedo... a mí!

—¿Y por qué he de tenerle miedo?

—Sí, me tiene miedo!

Y el miedo reventó deshaciéndose en llanto. Julia lloraba desde lo más hondo de las entrañas, lloraba con el corazón. Los sollozos le agarrotaban, faltábale el respiro.

—¿Es que soy algún ogro? —susurró Alejandro.

—¡Me han vendido! ¡Me han vendido! ¡Han traficado con mi hermosura! ¡Me han vendido!

—¿Y quién dice eso?

—¡Yo, lo digo yo! ¡Pero no, no seré de usted... sino muerta!

—Serás mía, Julia, serás mía...[1] ¡Y me querrás! ¿Vas a no quererme a mí? ¿A mí? ¡Pues no faltaba más!

Y hubo en aquel *a mí* un acento tal, que se le cortó a Julia la fuente de las lágrimas, y como que se le paró el corazón. Miró entonces a aquel hombre, mientras una voz le decía: "¡Este es un hombre!"

—¡Puede usted hacer de mí lo que quiera!

—¿Qué quieres decir con eso? —preguntó él, insistiendo en seguir tuteándola.

—No sé... No sé lo que me digo...

—¿Qué es eso de que puedo hacer de ti lo que quiera?

—Sí, que puede...

—Pero es que lo que yo —y este *yo* resonaba triunfador y pleno— quiero es hacerte mi mujer.

A Julia se le escapó un grito, y con los grandes ojos hermosísimos irradiando asombro, se quedó mirando al hombre, que sonreía y se decía: "Voy a tener la mujer más hermosa de España."

—¿Pues qué creías...?

—Yo creí..., yo creí...

Y volvió a romper el pecho en lágrimas ahogantes. Sintió luego unos labios sobre sus labios y una voz que le decía:

[1] Note the change from the formal *usted* to the familiar *tú*. Julia, believing herself "sold" to Gómez, will not address him in the second person until after he declares his intention to make her his lawful wife.

—Sí, mi mujer, la mía..., mía..., mía... ¡Mi mujer legítima, claro está! ¡La ley sancionará mi voluntad! ¡O mi voluntad la ley!

—¡Sí... tuya!

Estaba rendida. Y se concertó la boda.

¿Qué tenía aquel hombre rudo y hermético que, a la vez que le daba miedo, se le imponía? Y, lo que era más terrible, le imponía una especie de extraño amor. Porque ella, Julia, no quería querer a aquel aventurero, que se había propuesto tener por mujer a una de las más hermosas y hacer que luciera sus millones; pero, sin querer quererle, sentíase rendida a una sumisión que era una forma de enamoramiento. Era algo así como el amor que debe encenderse en el pecho de una cautiva para con un arrogante conquistador. ¡No la había comprado, no! Habíala conquistado.

"Pero él —se decía Julia—, ¿me quiere de veras? ¿Me quiere a mí? ¿A mí?, como suele decir él. ¡Y cómo lo dice! ¡Cómo pronuncia *yo!* ¿Me quiere a mí, o es que no busca sino lucir mi hermosura? ¿Seré para él algo más que un mueble costosísimo y rarísimo? ¿Estará de veras enamorado de mí? ¿No se saciará pronto de mi encanto? De todos modos, va a ser mi marido, y voy a verme libre de este maldito hogar, libre de mi padre. ¡Porque no vivirá con nosotros, no! Le pasaremos una pensión, y que siga insultando a mi pobre madre, y que se enrede con las criadas.[1] Evitaremos que vuelva a entramparse. ¡Y seré rica, muy rica, inmensamente rica!"

Mas esto no la satisfacía del todo. Sabíase envidiada por las renatenses, y que hablaban de su suerte loca,[2] y de que su hermosura le había producido cuanto podía producirla. Pero, ¿la quería aquel hombre? ¿La quería de veras? "Yo he de conquistar su amor —decíase—. Necesito que me quiera de veras; no puedo ser su mujer sin que me quiera, pues eso sería la peor forma de venderse. ¿Pero es que yo le quiero?" Y ante él sentíase sobrecogida, mientras una voz misteriosa, brotada de lo más hondo de sus

---

[1] *que se enrede con las criadas* let him have his affairs with the servant girls

[2] *Sabíase envidiada . . . loca.* She knew herself to be envied by the girls of Renada, and that they talked about her blind luck

entrañas, le decía: "¡Este es un hombre!" Cada vez que Alejandro decía *yo*, ella temblaba. Y temblaba de amor, aunque creyese otra cosa o lo ignorase.

Se casaron y fuéronse a vivir a la corte. Las relaciones y amistades de Alejandro eran, merced a su fortuna, muchas, pero algo extrañas. Los más de los que frecuentaban su casa, aristócratas de blasón[1] no pocos, antojábaselo a Julia que debían ser deudores de su marido, que daba dinero a préstamos con sólidas hipotecas. Pero nada sabía de los negocios de él ni éste le hablaba nunca de ellos. A ella no le faltaba nada; podía satisfacer hasta sus menores caprichos; pero le faltaba lo que más podía faltarle. No ya el amor de aquel hombre a quien se sentía subyugada y como por él hechizada, sino la certidumbre de aquel amor. "¿Me quiere, o no me quiere? —se preguntaba—. Me colma de atenciones, me trata con el mayor respeto, aunque algo como a una criatura voluntariosa; hasta me mima; ¿pero me quiere?" Y era inútil querer hablar de amor, de cariño, con aquel hombre.

—Solamente los tontos hablan esas cosas —solía decir Alejandro—. "Encanto..., rica..., hermosa..., querida..."[2] ¿Yo? ¿Yo esas cosas? ¿Con esas cosas a mí? ¿A mí? Esas son cosas de novelas. Y ya sé que a ti te gustaba leerlas.

—Y me gusta todavía.

—Pues lee cuantas quieras. Mira, si te empeñas, hago construir en ese solar que hay ahí al lado un gran pabellón para biblioteca y te la lleno de todas las novelas que se han escrito desde Adán acá.

—¡Qué cosas dices...!

Vestía Alejandro de la manera más humilde y más borrosa posible. No era tan sólo que buscase pasar, por el traje, inadvertido: era que afectaba cierta ordinariez plebeya. Le costaba cambiar de

[1] *de blasón* titled aristocrats, those with a coat of arms
[2] "*Encanto . . . querida*". Typical terms of endearment; sweetheart; dearest, etc. Note that *encanto*, being a noun, keeps its masculine form while the adjectives agree with the feminine subject.

vestidos, encariñándose con los que llevaba. Diríase que el día mismo en que estrenaba un traje se frotaba con él en las paredes para que pareciese viejo. En cambio, insistía en que ella, su mujer, se vistiese con la mayor elegancia posible y del modo que más hiciese resaltar su natural hermosura. No era nada tacaño en pagar; pero lo que mejor y más a gusto pagaba eran las cuentas de modistos y modistas, eran los trapos[1] para su Julia.

Complacíase en llevarla a su lado y que resaltara la diferencia de vestido y porte entre uno y otra. Recreábase en que las gentes se quedasen mirando a su mujer, y si ella, a su vez, coqueteando, provocaba esas miradas, o no lo advertía él, o más bien fingía no advertirlo. Parecía ir diciendo a aquellos que la miraban con codicia de la carne: "¿Os gusta, eh? Pues me alegro; pero es mía, y sólo mía; conque... ¡rabiad!" Y ella, adivinando este sentimiento, se decía: "¿Pero me quiere o no me quiere este hombre?" Porque siempre pensaba en él como en este hombre, como en su hombre. O mejor, el hombre de quien era ella, el amo. Y poco a poco se le iba formando alma de esclava de harén, de esclava favorita, de única esclava; pero de esclava al fin.

Intimidad entre ellos, ninguna. No se percataba de qué era lo que pudiese interesar a su señor marido. Alguna vez se atrevió ella a preguntarle por su familia.

—¿Familia? —dijo Alejandro—. Yo no tengo hoy más familia que tú, ni me importa. Mi familia soy yo, yo y tú, que eres mía.

—¿Pero y tus padres?

—Haz cuenta que no los he tenido. Mi familia empieza en mí. Yo me he hecho solo.

—Otra cosa querría preguntarte, Alejandro, pero no me atrevo...

—¿Que no te atreves? ¿Es que te voy a comer? ¿Es que me he ofendido nunca de nada de lo que hayas dicho?

—No, nunca, no tengo queja...

—¡Pues no faltaba más!

—No, no tengo queja; pero...

---

[1] *trapos.* Literally, rags or duds. Compare American slang "glad rags."

—Bueno, pregunta y acabemos.

—No, no te lo pregunto.

—¡Pregúntamelo!

Y de tal modo lo dijo, con tan redondo egoísmo, que ella, temblando de aquel modo, que era, a la vez que miedo, amor,[1] amor rendido de esclava favorita, le dijo:

—Pues bueno, dime: ¿tú eres viudo...?

Pasó como una sombra un leve fruncimiento de entrecejo por la frente de Alejandro, que respondió:

—Sí, soy viudo.

—¿Y tu primera mujer?

—A ti te han contado algo...

—No; pero...

—A ti te han contado algo, di.

—Pues sí, he oído algo...

—¿Y lo has creído?

—No..., no lo he creído.

—Claro, no podías, no debías creerlo.

—No, no lo he creído.

—Es natural. Quien me quiere como me quieres tú, quien es tan mía como tú lo eres, no puede creer esas patrañas.

—Claro que te quiero... —y al decirlo esperaba a provocar una confesión recíproca de cariño.

—Bueno, ya te he dicho que no me gustan frases de novelas sentimentales. Cuanto menos se diga que se le quiere a uno, mejor.

Y, después de una breve pausa, continuó:

—A ti te han dicho que me casé en Méjico, siendo yo un mozo, con una mujer inmensamente rica y mucho mayor que yo, con una vieja millonaria, y que la obligué a que me hiciese su heredero y la maté luego. ¿No te han dicho eso?

—Sí, eso me han dicho.

—¿Y lo creíste?

—No, no lo creí. No pude creer que matases a tu mujer.

---

[1] *a la vez . . . amor* both fear and love

—Veo que tienes aún mejor juicio que yo creía. ¿Cómo iba a matar a mi mujer, a una cosa mía?

¿Qué es lo que hizo temblar a la pobre Julia al oír esto? Ella no se dió cuenta del origen de su temblor; pero fué la palabra *cosa* aplicada por su marido a su primera mujer.

—Habría sido una absoluta necedad —prosiguió Alejandro—. ¿Para qué? ¿Para heredarla? ¡Pero si yo disfrutaba de su fortuna lo mismo que disfruto hoy de ella! ¡Matar a la propia mujer! ¡No hay razón ninguna para matar a la propia mujer!

—Ha habido maridos, sin embargo, que han matado a sus mujeres —se atrevió a decir Julia.

—¿Por qué?

—Por celos, o porque les faltaron ellas...[1]

—¡Bah, bah, bah! Los celos son cosas de estúpidos. Sólo los estúpidos pueden ser celosos, porque sólo a ellos les puede faltar su mujer. ¿Pero a mí? ¿A mí? A mí no me puede faltar mi mujer. ¡No pudo faltarme aquélla, no me puedes faltar tú!

—No digas esas cosas. Hablemos de otras.

—¿Por qué?

—Me duele oírte hablar así. ¡Como si me hubiese pasado por la imaginación, ni en sueños, faltarte...!

—Lo sé, lo sé sin que me lo digas; sé que no me faltarás nunca.

—¡Claro!

—Que no puedes faltarme. ¿A mí? ¿Mi mujer? ¡Imposible! Y en cuanto a la otra, a la primera, se murió ella sin que yo la matara.

Fué una de las veces en que Alejandro habló más a su mujer. Y ésta quedóse pensativa y temblorosa. ¿La quería, sí o no, aquel hombre?

¡Pobre Julia! Era terrible aquel su nuevo hogar; tan terrible como el de su padre. Era libre, absolutamente libre; podía hacer

---

[1] *o porque les faltaron ellas* or because they were unfaithful

en él lo que se le antojase,[1] salir y entrar, recibir a las amigas y aun amigos que prefiriera. ¿Pero la quería, o no, su amo y señor? La incertidumbre del amor del hombre la tenía como presa en aquel dorado y espléndido calabozo de puerta abierta.

Un rayo de sol naciente entró en las tempestuosas tinieblas de su alma esclava cuando se supo encinta[2] de aquel su señor marido. "Ahora sabré si me quiere o no", se dijo.

Cuando le anunció la buena nueva, exclamó aquél:

—Lo esperaba. Ya tengo un heredero y a quien hacer un hombre, otro hombre como yo. Le esperaba.

—¿Y si no hubiera venido? —preguntó ella.

—¡Imposible! Tenía que venir. ¡Tenía que tener un hijo yo, yo!

—Pues hay muchos que se casan y no lo tienen...

—Otros, sí. ¡Pero yo no! Yo tenía que tener un hijo.

—¿Y por qué?

—Porque tú no podías no habérmelo dado.[3]

Y vino el hijo; pero el padre continuó tan hermético. Sólo se opuso a que la madre criara al niño.

—No, yo no dudo de que tengas salud y fuerzas para ello; pero las madres que crían se estropean mucho, y yo no quiero que te estropees: yo quiero que te conserves joven el mayor tiempo posible.

Y sólo cedió cuando el médico le aseguró que, lejos de estropearse, ganaría Julia con criar al hijo, adquiriendo una mayor plenitud su hermosura.

El padre rehusaba besar al hijo. "Con eso de los besuqueos no se hace más que molestarlos", decía. Alguna vez lo tomaba en brazos y se le quedaba mirando.

—¿No me preguntabas una vez por mi familia? —dijo un día Alejandro a su mujer—. Pues aquí la tienes. Ahora tengo ya familia y quien me herede y continúe mi obra.

---

[1] *lo que se le antojase* as she saw fit, fancied
[2] *se supo encinta* discovered that she was pregnant
[3] *no podías . . . dado* you could not fail to give me one

Julia pensó preguntar a su marido cuál era su obra; pero no se atrevió a ello. "¡Mi obra! ¿Cuál sería la obra de aquel hombre?" Ya otra vez le oyó la misma expresión.

De las personas que más frecuentaban la casa eran los condes de Bordaviella,[1] sobre todo él, el conde, que tenía negocios con Alejandro, quien le había dado a préstamo usurario cuantiosos caudales. El conde solía ir a hacerle la partida de ajedrez a Julia, aficionada a ese juego, y a desahogar en el seno de la confianza de su amiga, la mujer de su prestamista, sus infortunios domésticos.[2] Porque el hogar condal de los Bordaviella era un pequeño infierno, aunque de pocas llamas.[3] El conde y la condesa ni se entendían ni se querían. Cada uno de ellos campaba por su cuenta,[4] y ella, la condesa, daba cebo a la maledicencia escandalosa. Corría siempre una adivinanza a ella atañedera:[5] "¿Cuál es el cirineo de tanda del conde de Bordaviella?";[6] y el pobre conde iba a casa de la hermosa Julia a hacerle la partida de ajedrez y a consolarse de su desgracia buscando la ajena.

—¿Qué, habrá estado también hoy el conde ese? —preguntaba Alejandro a su mujer.

—El conde ese..., el conde ese...; ¿qué conde?

—¡Ese! No hay más que un conde, y un marqués, y un duque. O para mí todos son iguales y como si fuesen uno mismo.

—¡Pues sí, ha estado!

—Me alegro, si eso te divierte. Es para lo que sirve el pobre mentecato.[7]

---

[1] *los condes de B.* i.e. the Count and Countess

[2] *y a desahogar . . . domésticos* and to unburden in the intimate company of his friend, his creditor's wife, his marital problems

[3] *de pocas llamas,* i.e. a marital inferno, but with little fire of love

[4] *campaba por su cuenta* each of them went his own way, did as he pleased

[5] *a ella atañedera* in reference to her

[6] *el cirineo . . . Bordaviella* whose turn is it to be the Count's assistant husband? Reference to Simon of Cyrene who helped Christ carry the cross; the malicious question implies that the Countess is in the habit of dismissing her lovers in search of new ones.

[7] *para lo que . . . mentecato* that poor simpleton isn't good for anything else

—Pues a mí me parece un hombre inteligente y culto, y muy bien educado y muy simpático...

—Sí, de los que leen novelas. Pero, en fin, si eso te distrae...

—Y muy desgraciado.

—¡Bah; él se tiene la culpa!

—¿Y por qué?

—Por ser tan majadero. Es natural lo que le pasa. A un mequetrefe como el conde ese es muy natural que le engañe su mujer. ¡Si eso[1] no es un hombre! No sé cómo hubo quien se casó con semejante cosa. Por supuesto, que no se casó con él, sino con el título. ¡A mí me había de hacer una mujer lo que a ese desdichado le hace la suya...![2]

Julia se quedó mirando a su marido y, de pronto, sin darse apenas cuenta de lo que decía, exclamó:

—¿Y si te hiciese? ¿Si te saliese tu mujer como a él le ha salido la suya?

—Tonterías —y Alejandro se echó a reír—. Te empeñas en sazonar nuestra vida con sal de libros. Y si es que quieres probarme dándome celos, te equivocas. ¡Yo no soy de esos! ¿A mí con esas?[3] ¿A mí? Diviértete en embromar al majadero de Bordaviella.

"¿Pero será cierto que este hombre no siente celos? —se decía Julia—. ¿Será cierto que le tiene sin cuidado que el conde venga y me ronde y me corteje como me está rondando y cortejando? ¿Es seguridad en mi fidelidad y cariño? ¿Es seguridad en su poder sobre mí? ¿Es indiferencia? ¿Me quiere o no me quiere?" Y empezaba a exasperarse. Su amo y señor marido le estaba torturando el corazón.

La pobre mujer se obstinaba en provocar celos en su marido,

---

[1] *¡Si eso ... !* Note Unamuno's use of the neuter: Why, that thing isn't a man!

[2] *¡A mí ... la suya!* No woman would ever get away with doing to me what that wretch's wife does to him!

[3] *¿A mí con esas?* i.e. *tonterías.* You come to me with that sort of nonsense?

como piedra de toque de su querer,[1] mas no lo conseguía.

—¿Quieres venir conmigo a casa del conde?

—¿A qué?

—¡Al té!

—¿Al té? No me duelen las tripas.[2] Porque en mis tiempos y entre los míos no se tomaba esa agua sucia más que cuando le dolían a uno las tripas. ¡Buen provecho te haga![3] Y consuélale un poco al pobre conde. Allí estará también la condesa con su último amigo, el de turno.[4] ¡Vaya una sociedad! ¡Pero, en fin, eso viste![5]

En tanto, el conde proseguía el cerco de Julia. Fingía estar acongojado por sus desventuras domésticas para así excitar la compasión de su amiga, y por la compasión llevarla al amor, y al amor culpable, a la vez que procuraba darla a entender que conocía algo también de las interioridades del hogar de ella.

—Sí, Julia, es verdad; mi casa es un infierno, un verdadero infierno, y hace usted bien en compadecerme como me compadece. ¡Ah, si nos hubiésemos conocido antes! ¡Antes de yo haberme uncido a mi desdicha! Y usted...

—Yo a la mía, ¿no es eso?

—¡No, no; no quería decir eso..., no!

—¿Pues qué es lo que usted quería decir, conde?

—Antes de haberse usted entregado a ese otro hombre, a su marido...

—¿Y usted sabe que me habría entregado entonces a usted?

—¡Oh, sin duda, sin duda...!

—¡Qué petulantes son ustedes los hombres!

—¿Petulantes?

—Sí, petulantes. Ya se supone usted irresistible.

[1] *como piedra . . . querer* as the touchstone, or test, of his love
[2] *No me duelen las tripas.* I don't have a bellyache. Alejandro is being intentionally vulgar and showing his disdain for the dainty ways of polite society.
[3] *¡Buen . . . haga!* Well, go ahead, and enjoy it!
[4] *el de turno* the lover whose turn it is now
[5] *eso viste* that's the proper thing to do. A sneering, cynical remark.

—¡Yo..., no!

—¿Pues quién?

—¿Me permite que se lo diga, Julia?

—¡Diga lo que quiera!

—¡Pues bien, se lo diré! ¡Lo irresistible habría sido, no yo, sino mi amor. ¡Sí, mi amor!

—¿Pero es una declaración en regla, señor conde? Y no olvide que soy una mujer casada, honrada, enamorada de su marido...

—Eso...

—¿Y se permite usted dudarlo? Enamorada, sí, como me lo oye, sinceramente enamorada de mi marido.

—Pues lo que es él...

—¿Eh? ¿Qué es eso? ¿Quién le ha dicho a usted que él no me quiere?

—¡Usted misma!

—¿Yo? ¿Cuándo le he dicho yo a usted que Alejandro no me quiere? ¿Cuándo?

—Me lo ha dicho con los ojos, con el gesto, con el porte...

—¡Ahora me va a salir con que he sido yo[1] quien le he estado provocando a que me haga el amor...! ¡Mire usted, señor conde, ésta va a ser la última vez que venga a mi casa!

—¡Por Dios, Julia!

—¡La última vez, he dicho!

—¡Por Dios, déjeme venir a verla, en silencio, a contemplarla, a enjugarme, viéndola, las lágrimas que lloro hacia adentro!...

—¡Qué bonito!

—Y lo que le dije, que tanto pareció ofenderla...

—¿Pareció? ¡Me ofendió!

—¿Es que puedo yo ofenderla?

—¡Señor conde...!

—Lo que la[2] dije, y que tanto la ofendió, fué tan sólo que, si nos hubiésemos conocido antes de haberme yo entregado a mi

---

[1] *me va a salir . . . yo* you'll try to make me believe that it was I

[2] *la,* i.e. *le* what I said to you. The use of *la* in this case is typical of Madrid and New Castile.

mujer y usted a su marido, yo la habría querido con la misma locura que hoy la quiero... ¡Déjeme desnudarme el corazón! Yo la habría querido con la misma locura con que hoy la quiero y habría conquistado su amor con el mío. No con mi valor, no; no con mi mérito, sino sólo a fuerza de cariño. Que no soy yo, Julia, de esos hombres que creen domeñar y conquistar a la mujer por su propio mérito, por ser quienes son; no soy de esos que exigen se los quiera, sin dar, en cambio, su cariño. En mí, pobre noble venido a menos, no cabe tal orgullo.

Julia absorbía lentamente y gota a gota el veneno.

—Porque hay hombres —prosiguió el conde— incapaces de querer; pero que exigen que se los quiera, y creen tener derecho al amor y a la fidelidad incondicionales de la pobre mujer que se les rinde. Hay quienes toman una mujer hermosa y famosa por su hermosura para envanecerse de ello, de llevarla al lado como podrían llevar una leona domesticada, y decir: "Mi leona; ¿veis cómo me está rendida?" ¿Y por eso querría a su leona?

—Señor conde..., señor conde, que está usted entrando en un terreno...

Entonces el de Bordaviella se le acercó aún más, y casi al oído, haciéndola sentir en la oreja, hermosísima rosada concha de carne entre zarcillos de pelo castaño refulgente, el cosquilleo de su aliento entrecortado, le susurró:

—Donde estoy entrando es en tu conciencia,[1] Julia.

El *tu* arreboló la oreja culpable.

El pecho de Julia ondeaba como el mar al acercarse la galerna.

—Sí, Julia, estoy entrando en tu conciencia.

—¡Déjeme, por Dios, señor conde, déjeme! ¡Si entrase él ahora...!

—No, él no entrará. A él no le importa nada de ti. El nos deja así, solos, porque no te quiere... ¡No, no te quiere! ¡No te quiere, Julia, no te quiere!

—Es que tiene absoluta confianza en mí...

[1] *tu conciencia.* Note the Count's intentional change to *tú* for the purpose of achieving added intimacy. Julia will continue to use the formal *usted.*

—¡En ti, no! En sí mismo. ¡Tiene absoluta confianza, ciego, en sí mismo! Cree que a él, por ser él, él, Alejandro Gómez, el que ha fraguado una fortuna..., no quiero saber cómo..., cree que a él no es posible que le falte mujer alguna. A mí me desprecia, lo sé...

—Sí, le desprecia a usted...

—¡Lo sabía! Pero tanto como a mí te desprecia a ti...

—¡Por Dios, señor conde, por Dios, cállese, que me está matando!

—¡Quien te matará es él, él, tu marido, y no serás la primera!

—¡Eso es una infamia, señor conde; eso es una infamia! ¡Mi marido no mató a su mujer! ¡Y váyase, váyase; váyase y no vuelva!

—Me voy; pero... volveré. Me llamarás tú.

Y se fué, dejándola malherida en el alma. "¿Tendrá razón este hombre? —se decía—. ¿Será así? Porque él me ha revelado lo que yo no quería decirme ni a mí misma. ¿Será verdad que me desprecia? ¿Será verdad que no me quiere?"

Empezó a ser pasto de los cotarros de maledicencia de la corte[1] lo de las relaciones entre Julia y el conde de Bordaviella. Y Alejandro, o no se enteraba de ello, o hacía como si no se enterase. A algún amigo que empezó a hacerle veladas insinuaciones le atajó diciéndole: "Ya sé lo que me va usted a decir; pero déjelo. Esas no son más que habladurías de las gentes. ¿A mí? ¿A mí con esas? ¡Hay que dejar que las mujeres románticas se hagan las interesantes!"[2] ¿Sería un...? ¿Sería un cobarde?

Pero una vez que en el Casino se permitió uno, delante de él, una broma de ambiguo sentido respecto a cuernos,[3] cogió una bo-

[1] *pasto de los cotarros ... corte* nourishment for slander among society scandal-mongers in the capital. Literally, *cotarro* is a night lodging for beggars and tramps.

[2] *se hagan las interesantes* display themselves a little

[3] *respecto a cuernos* in reference to horns. Throughout the Spanish-speaking world the "horned" or "antlered" husband is a man whose wife is unfaithful.

tella y se la arrojó a la cabeza, descalabrándole. El escándalo fué formidable.

—¿A mí? ¿A mí con bromitas de esas? —decía con su voz y su tono más contenidos—. Como si no le entendiese... Como si no supiera las necedades que corren por ahí, entre los majaderos, a propósito de los caprichos novelescos de mi pobre mujer... Y estoy dispuesto a cortar de raíz esas hablillas...

—Pero no así, don Alejandro —se atrevió a decirle uno.

—¿Pues cómo? ¡Dígame cómo!

—¡Cortando la raíz y motivo de las tales hablillas!

—¡Ah, ya![1] ¿Que prohiba la entrada del conde en mi casa?

—Sería lo mejor.

—Eso sería dar la razón a los maldicientes. Y yo no soy un tirano. Si a mi pobre mujer le divierte el conde ese, que es un perfecto y absoluto mentecato, se lo juro a usted, es un mentecato, inofensivo, que se las echa de tenorio...;[2] si a mi pobre mujer le divierte ese fantoche, ¿voy a quitarle la diversión porque los demás mentecatos den en decir esto o lo otro? ¡Pues no faltaba más...! Pero, ¿pegármela a mí?[3] ¿A mí? ¡Ustedes no me conocen!

—Pero, don Alejandro, las apariencias...

—¡Yo no vivo de apariencias, sino de realidades!

Al día siguiente se presentaron en casa de Alejandro dos caballeros, muy graves, a pedirle una satisfacción en nombre del ofendido.

—Díganle ustedes —les contestó— que me pase la cuenta del médico o cirujano que le asista y que la pagaré, así como los daños y perjuicios a que haya lugar.

—Pero don Alejandro...

—¿Pues qué es lo que ustedes quieren?

—¡Nosotros, no! El ofendido exige una reparación..., una satisfacción..., una explicación honrosa...

---

[1] *¡Ah, ya!* i.e. *ya comprendo,* Oh, I see, now I get it.

[2] *se las echa de tenorio* likes to pass for a lady-killer. *Tenorio.* See p. 49, note 3.

[3] *¿pegármela a mí?* make a fool of me, deceive me?

—No les entiendo a ustedes..., ¡o no quiero entenderles!

—¡Y si no, un duelo!

—¡Muy bien! Cuando quiera. Díganle que cuando quiera. Pero para eso no es menester que ustedes se molesten. No hacen falta padrinos. Díganle que en cuanto se cure de la cabeza, quiero decir, del botellazo..., que me avise, que iremos donde él quiera, nos encerraremos y la emprenderemos uno con otro a trompada y a patada limpias.[1] No admito otras armas. Y ya verá quién es Alejandro Gómez.

—¡Pero, don Alejandro, usted se está burlando de nosotros! —exclamó uno de los padrinos.

—¡Nada de eso! Ustedes son de un mundo y yo de otro. Ustedes vienen de padres ilustres, de familias linajudas... Yo, se puede decir que no he tenido padres ni tengo otra familia que la que yo me he hecho. Yo vengo de la nada, y no quiero entender esas andróminas del Código del honor. ¡Conque ya lo saben ustedes!

Levantáronse los padrinos, y uno de ellos, poniéndose muy solemne, con cierta energía, mas no sin respeto —que al cabo se trataba de un poderoso millonario y hombre de misteriosa procedencia—, exclamó:

—Entonces, señor don Alejandro Gómez, permítame que se lo diga...

—Diga usted todo lo que quiera; pero midiendo sus palabras, que ahí tengo a la mano otra botella.

—¡Entonces —y levantó más la voz—, señor don Alejandro Gómez, usted no es un caballero!

—¡Y claro que no lo soy, hombre, claro que no lo soy! ¡Caballero yo! ¿Cuándo? ¿De dónde? Yo me crié burrero y no caballero, hombre.[2] Y ni en burro siquiera solía ir a llevar la merienda

---

[1] *a trompada y a patada limpias* with plain punches and kicks

[2] *Yo me crié . . . hombre.* Man, I was raised a driver of asses, not a rider of horses. Alejandro is making a pun here: in medieval society the *caballero*, or horseman, was a member of the privileged nobility, while the mule-driver was of the lowest rungs of the peasantry. In this and the following sentences Alejandro stresses his rough-and-tumble, lower-class origins and derides the ways of Madrid society.

71

al que decían que era mi padre, sino a pie, a pie y andando. ¡Claro que no soy un caballero! ¿Caballerías? ¿Caballerías a mí? ¿A mí? Vamos..., vamos...

—Vámonos, sí —dijo un padrino al otro—, que aquí no hacemos ya nada. Usted, señor don Alejandro, sufrirá las consecuencias de esta, su incalificable conducta.

—Entendido, y a ella me atengo. Y en cuanto a ese..., a ese caballero de lengua desenfrenada a quien descalabré la cabeza, díganle, se lo repito, que me pase la cuenta del médico, y que tenga en adelante cuenta con lo que dice. Y ustedes, si alguna vez —que todo pudiera ser— necesitaran algo de este descalificado, de este millonario salvaje, sin sentido del honor caballeresco, pueden acudir a mí, que los serviré, como he servido y sirvo a otros caballeros.[1]

—¡Esto no se puede tolerar, vámonos! —exclamó uno de los padrinos.

Y se fueron.

Aquella noche contaba Alejandro a su mujer la escena de la entrevista con los padrinos, después de haberle contado lo del botellazo, y se regodeaba en el relato de su hazaña. Ella le oía despavorida.

—¿Caballero yo? ¿Yo caballero? —exclamaba él—. ¿Yo? ¿Alejandro Gómez? ¡Nunca! ¡Yo no soy más que un hombre, pero todo un hombre, nada menos que todo un hombre!

—¿Y yo? —dijo ella, por decir algo.

—¿Tú? ¡Toda una mujer! Y una mujer que lee novelas! ¡Y él, el condesito ese del ajedrez, un nadie, nada más que un nadie! ¿Por qué te he de privar el que te diviertas con él como te divertirías con un perro faldero? Porque compres un perrito de esos de lanas, o un gatito de Angora, o un tití, y le acaricies y hasta le besuquees, ¿voy a coger el perrito, o el michino, o el tití[2] y voy

[1] *sirvo a otros caballeros* Gómez is suggesting that if, perchance, these two gentlemen should find themselves in need of a loan, he, the *burrero*, will be glad to oblige.

[2] *michino . . . tití.* Childish words for house pets; pussy cat, pet monkey

a echarlos por el balcón a la calle? ¡Pues estaría bueno! Mayormente, que podían caerle encima a uno que pase. Pues lo mismo es el condesito ese, otro gozquecillo, o michino, o tití. ¡Diviértete con él cuando te plazca![1]

—Pero, Alejandro, tienen razón en lo que te dicen... Tienes que negarle la entrada a ese hombre...

—¿Hombre?

—Bueno. Tienes que negarle la entrada al conde de Bordaviella.

—¡Niégasela tú! Cuando no se la niegas es que maldito lo que ha conseguido ganar tu corazón.[2] Porque si hubieras llegado a empezar a interesarte por él, ya le habrías despachado para defenderte del peligro.

—¿Y si estuviese interesada...?

—¡Bueno, bueno...! ¡Ya salió aquello! ¡Ya salió lo de querer darme celos! ¿A mí? ¿Pero cuándo te convencerás, mujer, de que yo no soy como los demás?

Cada vez comprendía menos Julia a su marido; pero cada vez se encontraba más subyugada a él más ansiosa de asegurarse de si le quería o no. Alejandro, por su parte, aunque seguro de la fidelidad de su mujer, o mejor de que a él, a Alejandro —¡nada menos que todo un hombre!—, no podía faltarle su mujer —¡la suya!— diciéndose: "A esta pobre mujer le está trastornando la vida de la corte y la lectura de novelas", decidió llevarla al campo. Y se fueron a una de sus dehesas.

—Una temporadita de campo te vendrá muy bien —le dijo—. Eso templa los nervios. Por supuesto, si es que piensas aburrirte sin tu michino, puedes invitarle al condezuelo ese[3] a que nos acompañe. Porque ya sabes que yo no tengo celos, y estoy seguro de ti, de mi mujer.

---

[1] *cuando te plazca* whenever it may please you. *Plazca* is the present subjunctive of *placer*, to please.

[2] *maldito . . . corazón* he hasn't succeeded a bit, or worth a darn, in winning your heart

[3] *al condezuelo ese* that silly little Count

Allí, en el campo, las cavilaciones de la pobre Julia se exacerbaron. Aburríase grandemente. Su marido no la dejaba leer.

—Te he traído para eso, para apartarte de los libros y cortar de raíz tu neurastenia, antes de que se vuelva cosa peor.

—¿Mi neurastenia?

—¡Pues claro! Todo lo tuyo no es más que eso. La culpa de todo ello la tienen los libros.

—¡Pues no volveré a leer más!

—No, yo no exijo tanto... Yo no te exijo nada. ¿Soy acaso algún tirano yo? ¿Te he exigido nunca nada?

—No. ¡Ni siquiera exiges que te quiera!

—¡Naturalmente, como que eso no se puede exigir![1] Y, además, como sé que me quieres y no puedes querer a otro... Después de haberme conocido y de saber, gracias a mí, lo que es un hombre, no puedes ya querer a otro, aunque te lo propusieras. Te lo aseguro yo... Pero no hablemos de cosas de libros. Ya te he dicho que no me gustan novelerías. Esas son bobadas para hablar con condesitos al tomar el té.

Vino a aumentar la congoja de la pobre Julia el que llegó a descubrir[2] que su marido andaba en torpes enredos con una criada zafia y nada bonita. Y una noche, después de cenar, encontrándose los dos solos, la mujer dijo de pronto:

—No creas, Alejandro, que no me he percatado del lío que traes con la Simona...[3]

—Ni yo lo he ocultado mucho. Pero eso no tiene importancia. Siempre gallina, amarga la cocina.[4]

—¿Qué quieres decir?

—Que eres demasiado hermosa para diario.

La mujer tembló. Era la primera vez que su marido la llamaba

---

[1] *como que eso . . . exigir* since, after all, one cannot demand that
[2] *el que llegó a descubrir* the fact that she found out
[3] *el lío que traes con la Simona* the affair you're carrying on with that Simona woman
[4] *Siempre gallina . . . cocina* Literally, chicken every day makes the meal bitter; too much of a good thing loses its attraction.

así, a boca llena: hermosa. Pero, ¿la querría de veras?

—¡Pero con ese pingo!... —dijo Julia por decir algo.

—Por lo mismo. Hasta su mismo desaseo me hace gracia. No olvides que yo casi me crié en un estercolero, y tengo algo de lo que un amigo mío llama la voluptuosidad del pringue. Y ahora, después de este entremés rústico, apreciaré mejor tu hermosura, tu elegancia y tu pulcritud.

—No sé si me estás adulando o insultando.

—¡Bueno! ¡La neurastenia! ¡Y yo que te creía en camino de curación!...

—Por supuesto, vosotros los hombres podéis hacer lo que se os antoje, y faltarnos...

—¿Quién te ha faltado?

—¡Tú!

—¿A eso llamas faltarte? ¡Bah, bah! ¡Los libros, los libros! Ni a mí se me da un pitoche de la Simona,[1] ni...

—¡Claro! ¡Ella es para ti como una perrita, o una gatita, o una mona!

—¡Una mona, exacto; nada más que una mona! Es a lo que más se parece. ¡Tú lo has dicho: una mona! ¿Pero he dejado por eso de ser tu marido?

—Querrás decir que no he dejado yo por eso de ser tu mujer...

—Veo, Julia, que vas tomando talento...

—¡Claro, todo se pega!

—¿Pero de mí, por supuesto, y no del michino?

—¡Claro que de ti!

—Pues bueno; no creo que este incidente rústico te ponga celosa... ¿Celos tú? ¿Tú? ¿Mi mujer? ¿Y de esa mona? Y en cuanto a ella, ¡la doto, y encantada![2]

—Claro, en teniendo dinero...

—Y con esa dote se casa volando,[3] y le aporta ya al marido, con la dote, un hijo. Y si el hijo sale a su padre, que es nada menos

---

[1] *se me da . . . Simona* I don't give a "hoot" about that Simona woman

[2] *la doto, y encantada.* I'll give her a dowry, and that's the end of it.

[3] *se casa volando* she gets married in a jiffy

que todo un hombre, pues el novio sale con doble ganancia.

—¡Calla, calla, calla!

La pobre Julia se echó a llorar.

—Yo creí —concluyó Alejandro— que el campo te había curado la neurastenia. ¡Cuidado con empeorar!

A los dos días de esto volvíanse a la corte.

Y Julia volvió a sus congojas, y el conde de Bordaviella a sus visitas, aunque con más cautela. Y ya fué ella, Julia, la que, exasperada, empezó a prestar oídos a las venenosas insinuaciones del amigo, pero sobre todo a hacer ostentación de la amistad ante su marido, que alguna vez se limitaba a decir: "Habrá que volver al campo y someterte a tratamiento."

Un día, en el colmo de la exasperación, asaltó Julia a su marido, diciéndole:

—¡Tú no eres un hombre, Alejandro, no, no eres un hombre!

—¿Quién, yo? ¿Y por qué?

—No, no eres un hombre, no lo eres!

—Explícate.

—Ya sé que no me quieres; que no te importa de mí nada; que no soy para ti ni la madre de tu hijo; que no te casaste conmigo nada más que por vanidad, por jactancia, por exhibirme, por envanecerte con mi hermosura, por...

—¡Bueno, bueno; ésas son novelerías! ¿Por qué no soy hombre?

—Ya sé que no me quieres...

—Ya te he dicho cien veces que eso de querer y no querer, y amor, y todas esas andróminas, son conversaciones de té condal o danzante.

—Ya sé que no me quieres...

—Bueno, ¿y qué más?...

—Pero eso de que consientas que el conde, el michino, como tú le llamas, entre aquí a todas horas...

—¡Quien lo consiente eres tú!

—¿Pues no he de consentirlo, si es mi amante? Ya lo has oído, mi amante. ¡El michino es mi amante!

76

Alejandro permanecía impasible mirando a su mujer. Y ésta, que esperaba un estallido del hombre, exaltándose aún más, gritó:

—¿Y qué? ¿No me matas ahora como a la otra?

—Ni es verdad que maté a la otra, ni es verdad que el michino sea tu amante. Estás mintiendo para provocarme. Quieres convertirme en un Otelo.[1] Y mi casa no es teatro. Y si sigues así, va a acabar todo ello en volverte loca y en que tengamos que encerrarte.

—¿Loca? ¿Loca yo?

—¡De remate! ¡Llegarse a creer que tiene un amante! ¡Es decir, querer hacérmelo creer! ¡Como si mi mujer pudiese faltarme a mí! ¡A mí! Alejandro Gómez no es ningún michino; ¡es nada menos que todo un hombre! Y no, no conseguirás lo que buscas, no conseguirás que yo te regale los oídos[2] con palabras de novelas y de tes danzantes o condales. Mi casa no es un teatro.

—¡Cobarde! ¡Cobarde! ¡Cobarde! —gritó ya Julia, fuera de sí!—. ¡Cobarde!

—Aquí va a haber que tomar medidas —dijo el marido.

Y se fué.

A los dos días de esta escena, y después de haberla tenido encerrada a su mujer durante ellos, Alejandro la llamó a su despacho. La pobre Julia iba aterrada. En el despacho la esperaban, con su marido, el conde de Bordaviella y otros dos señores.

—Mira, Julia —le dijo con terrible calma su marido—. Estos dos señores son dos médicos alienistas, que vienen, a petición mía, a informar sobre tu estado para que podamos ponerte en cura. Tú no estás bien de la cabeza, y en tus ratos lúcidos debes comprenderlo así.

—¿Y qué haces tú aquí, Juan? —preguntó Julia al conde, sin hacer caso a su marido.

[1] *Otelo.* Reference to Shakespeare's tragedy. Othello, led to believe that his wife, Desdemona, is unfaithful, smothers her to death.

[2] *te regale los oídos.* Literally, regale your ears; flatter you

—¿Lo ven ustedes? —dijo éste, dirigiéndose a los médicos—. Persiste en su alucinación; se empeña en que este señor es...

—¡Sí, es mi amante! —le interrumpió ella—. Y si no, que lo diga él.

El conde miraba al suelo.

—Ya ve usted, señor conde —dijo Alejandro al de Bordaviella—, cómo persiste en su locura. Porque usted no ha tenido, no ha podido tener, ningún género de esas relaciones con mi mujer...

—¡Claro que no! —exclamó el conde.

—¿Lo ven ustedes? —añadió Alejandro volviéndose a los médicos.

—Pero cómo —gritó Julia—, ¿te atreves tú, tú, Juan, tú, mi michino, a negar que he sido tuya?

El conde temblaba bajo la mirada fría de Alejandro, y dijo:

—Repórtese, señora, y vuelva en sí. Usted sabe que nada de eso es verdad. Usted sabe que si yo frecuentaba esta casa era como amigo de ella,[1] tanto de su marido como de usted misma, señora, y que yo, un conde de Bordaviella, jamás afrentaría así a un amigo como...

—Como yo —le interrumpió Alejandro—. ¿A mí? ¿A mí? ¿A Alejandro Gómez? Ningún conde puede afrentarme, ni puede mi mujer faltarme. Ya ven ustedes, señores, que la pobre está loca...

—¿Pero también tú, Juan? ¿También tú, michino? —gritó ella—. ¡Cobarde! ¡Cobarde! ¡Cobarde! ¡Mi marido te ha amenazado, y por miedo, por miedo, cobarde, cobarde, cobarde, no te atreves a decir la verdad y te prestas a esta farsa infame para declararme loca! ¡Cobarde, cobarde, villano! Y tú también, como mi marido...

—¿Lo ven ustedes, señores? —dijo Alejandro a los médicos.

La pobre Julia sufrió un ataque, y quedó como deshecha.

—Bueno; ahora, señor mío —dijo Alejandro dirigiéndose al conde—, nosotros nos vamos, y dejemos que estos dos señores facul-

---

[1] amigo de ella, i.e. de la casa

78

tativos, a solas con mi pobre mujer, completen su reconocimiento. El conde le siguió. —Y ya fuera de la estancia, le dijo Alejandro: —Conque ya lo sabe usted, señor conde: o mi mujer resulta loca, o les levanto a usted y a ella las tapas de los sesos.[1] Usted escogerá.

—Lo que tengo que hacer es pagarle lo que le debo, para no tener más cuentas con usted.

—No; lo que debe hacer es guardar la lengua. Conque quedamos en que mi mujer está loca de remate y usted es un tonto de capirote. ¡Y ojo con ésta![2] —y le enseñó una pistola.

Cuando, algo después, salían los médicos del despacho de Alejandro, decíanse:

—Esta es una tremenda tragedia. ¿Y qué hacemos?

—¿Qué vamos a hacer sino declararla loca? Porque, de otro modo, ese hombre la mata a ella y le mata a ese desdichado conde.

—Pero, ¿y la conciencia profesional?

—La conciencia consiste aquí en evitar un crimen mayor.

—¿No sería mejor declararle loco a él, a don Alejandro?

—No, él no es loco: es otra cosa.

—Nada menos que todo un hombre, como dice él.

—¡Pobre mujer! ¡Daba pena oírle! Lo que yo me temo es que acabe por volverse de veras loca.

—Pues con declararla tal, acaso la salvamos. Por lo menos se la apartaría de esta casa.

Y, en efecto, la declararon loca. Y con esa declaración fué encerrada por su marido en un manicomio.

Toda una noche espesa, tenebrosa y fría, sin estrellas, cayó sobre el alma de la pobre Julia al verse encerrada en el manicomio. El único consuelo que le dejaban es el de que le llevaran casi a diario a su hijito para que lo viera. Tomábalo en brazos y le bañaba la carita con sus lágrimas. Y el pobrecito niño lloraba sin saber por qué.

---

[1] *les levanto . . . sesos.* Literally, I'll raise the lids of your and her brains; I'll blow your brains out.
[2] *¡Y ojo con ésta!* And watch out for this!

—¡Ay, hijo mío, hijo mío! —le decía—. ¡Si pudiese sacarte toda la sangre de tu padre!... ¡Porque es tu padre!

Y a solas se decía la pobre mujer, sintiéndose al borde de la locura: "¿Pero no acabaré por volverme de veras loca en esta casa, y creer que no fué sino un sueño y alucinación lo de mi trato con ese infame conde? ¡Cobarde, sí, cobarde, villano! ¡Abandonarme así! ¡Dejar que me encerraran aquí! ¡El michino, sí, el michino! Tiene razón mi marido. Y él, Alejandro, ¿por qué no nos mató? ¡Ah, no! ¡Esta es más terrible venganza! ¡Matarle a ese villano michino...! No, humillarle, hacerle mentir y abandonarme. ¡Temblaba ante mi marido, sí, temblaba ante él! ¡Ah, es que mi marido es un hombre! ¿Y por qué no me mató? ¡Otelo me habría matado! Pero Alejandro no es Otelo, no es tan bruto como Otelo. Otelo era un moro impetuoso, pero poco inteligente. Y Alejandro... Alejandro tiene una poderosa inteligencia al servicio de su infernal soberbia plebeya. No, ese hombre no necesitó matar a su primera mujer; la hizo morir. Se murió ella de miedo ante él. ¿Y a mí me quiere?"

Y allí, en el manicomio, dió otra vez en trillar su corazón y su mente con el triturador dilema: "¿Me quiere, o no me quiere?" Y se decía luego: "¡Yo sí que le quiero! ¡Y ciegamente!"

Y por temor a enloquecer de veras, se fingió curada, asegurando que habían sido alucinaciones lo de su trato con el de Bordaviella. Avisáronselo al marido.

Un día llamaron a Julia adonde su marido la esperaba, en un locutorio. Entró él, y se arrojó a sus pies sollozando:

—¡Perdóname, Alejandro, perdóname!

—Levántate, mujer —y la levantó.

—¡Perdóname!

—¿Perdonarte? ¿Pero de qué? Si me habían dicho que estabas ya curada..., que se te habían quitado las alucinaciones...

Julia miró a la mirada fría y penetrante de su marido con terror. Con terror y con un loco cariño. Era un amor ciego, fundido con un terror no menos ciego.

—Sí, tienes razón, Alejandro, tienes razón; he estado loca, loca de remate. Y por darte celos, nada más que por darte celos, inventé aquellas cosas. Todo fué mentira. ¿Cómo iba a faltarte yo? ¿Yo? ¿A ti? ¿A ti? ¿Me crees ahora?

—Una vez, Julia —le dijo con voz de hielo su marido—, me preguntaste si era o no verdad que yo maté a mi primera mujer, y, por contestación, te pregunté yo a mi vez que si podías creerlo. ¿Y qué me dijiste?

—¡Que no lo creía, que no podía creerlo!

—Pues ahora yo te digo que no creí nunca, que no pude creer que tú te hubieses entregado al michino ese. ¿Te basta?

Julia temblaba, sintiéndose al borde de la locura; de la locura del terror y de amor fundidos.

—Y ahora —añadió la pobre mujer abrazando a su marido y hablándole al oído—; ahora, Alejandro, dime, ¿me quieres?

Y entonces vió en Alejandro, su pobre mujer, por vez primera, algo que nunca antes en él viera;[1] le descubrió un fondo del alma terrible y hermética que el hombre de la fortuna guardaba celosamente sellado. Fué como si un relámpago de luz tempestuosa alumbrase por un momento el lago negro, tenebroso de aquella alma, haciendo relucir su sobrehaz. Y fué que vió asomar dos lágrimas en los ojos fríos y cortantes como navajas de aquel hombre. Y estalló:

—¡Pues no he de quererte, hija mía,[2] pues no he de quererte! ¡Con toda el alma, y con toda la sangre, y con todas las entrañas; más que a mí mismo! Al principio, cuando nos casamos, no. ¿Pero ahora? ¡Ahora, sí! Ciegamente, locamente. Soy yo tuyo más que tú mía.

Y besándola con una furia animal, febril, encendido, como loco, balbuceaba: "¡Julia! ¡Julia! ¡Mi diosa! ¡Mi todo!"

Ella creyó volverse loca al ver desnuda el alma de su marido.

[1] *viera,* i.e. *había visto*

[2] ¡*Pues no he . . . mía*! But of course I love you, my dearest! This negative construction with *pues no he de* is frequently used as an exclamation expressing a strong positive meaning.

—Ahora quisiera morirme, Alejandro —le murmuró al oído, reclinando la cabeza sobre su hombro.

A estas palabras, el hombre pareció despertar y volver en sí como de un sueño; y como si se hubiese tragado con los ojos, ahora otra vez fríos y cortantes, aquellas dos lágrimas,[1] dijo:

—Esto no ha pasado, ¿eh, Julia? Ya lo sabes; pero yo no he dicho lo que he dicho... ¡Olvídalo!

—¿Olvidarlo?

—¡Bueno, guárdatelo, y como si no lo hubieses oído!

—Lo callaré...

—¡Cállatelo a ti misma!

—Me lo callaré; pero...

—¡Basta!

—Pero, por Dios, Alejandro, déjame un momento, un momento siquiera... ¿Me quieres por mí, por mí, y aunque fuese de otro, o por ser yo cosa tuya?

—Ya te he dicho que lo debes olvidar. Y no me insistas, porque si insistes, te dejo aquí. He venido a sacarte; pero has de salir curada.

—¡Y curada estoy! —afirmó la mujer con brío.

Y Alejandro se llevó su mujer a su casa.

Pocos días después de haber vuelto Julia del manicomio, recibía el conde de Bordaviella, no una invitación, sino un mandato de Alejandro para ir a comer a su casa.

"Como ya sabrá usted, señor conde —le decía en una carta—, mi mujer ha salido del manicomio completamente curada; y como la pobre, en la época de su delirio, le ofendió a usted gravemente, aunque sin intención ofensiva, suponiéndole capaz de infamias de que es usted, un perfecto caballero, absolutamente incapaz, le ruega, por mi conducto,[2] que venga pasado mañana, jueves, a acompañarnos a comer, para darle las satisfacciones que a un caballero, como

[1] *y como si . . . lágrimas* and as if he had swallowed up with his eyes, now once more cold and cutting, those two tears

[2] *le ruega, por mi conducto* she wants me to ask you

82

es usted, se le deben. Mi mujer se lo ruega y yo se lo ordeno. Porque si usted no viene ese día a recibir esas satisfacciones y explicaciones, sufrirá las consecuencias de ello. Y usted sabe bien de lo que es capaz

Alejandro Gómez."

El conde de Bordaviella llegó a la cita pálido, tembloroso y desencajado. La comida transcurrió en la más lóbrega de las conversaciones. Se habló de todas las mayores frivolidades —los criados delante—,[1] entre las bromas más espesas y feroces de Alejandro. Julia le acompañaba. Después de los postres, Alejandro, dirigiéndose al criado, le dijo: "Trae el té."

—¿Té? —se le escapó al conde.

—Sí, señor conde —le dijo el señor de la casa—. Y no es que me duelan las tripas, no; es para estar más a tono.[2] El té va muy bien con las satisfacciones entre caballeros.

Y volviéndose al criado: "¡Retírate!"

Quedáronse los tres solos. El conde temblaba. No se atrevía a probar el té.

—Sírveme a mí primero, Julia —dijo el marido—. Y yo lo tomaré antes para que vea usted, señor conde, que en mi casa se puede tomar todo con confianza.

—Pero si yo...[3]

—No, señor conde; aunque yo no sea un caballero, ni mucho menos, no he llegado aún a eso. Y ahora mi mujer quiere darle a usted unas explicaciones.

Alejandro miró a Julia, y ésta, lentamente, con voz fantasmática, empezó a hablar. Estaba espléndidamente hermosa. Los ojos le relucían con un brillo como de relámpago. Sus palabras fluían frías y lentas, pero se adivinaba que por debajo de ellas ardía un fuego consumidor.

—He hecho que mi marido le llame, señor conde —dijo Julia—,

[1] *los criados delante* in front of the servants; while the servants were there
[2] *para estar más a tono* to be more stylish
[3] *Pero si yo*, i.e. *Pero si yo no sospecho* Why, I am not suspecting

porque tengo que darle una satisfacción por haberle ofendido gravemente.

—¿A mí, Julia?

—¡No me llame usted Julia! Sí, a usted. Cuando me puse loca, loca de amor por mi marido, buscando a toda costa asegurarme de si me quería o no, quise tomarle a usted de instrumento para excitar sus celos, y·en mi locura llegué a acusarle a usted de haberme seducido. Y esto fué un embuste, y habría sido una infamia de mi parte si yo no hubiese estado, como estaba, loca. ¿No es así, señor conde?

—Sí, así es, doña Julia...

—Señora de Gómez —corrigió Alejandro.

—Lo que le atribuí a usted, cuando le llamábamos mi marido y yo el michino—, ¡perdónenoslo usted!

—¡Por perdonado!¹

—Lo que le atribuí entonces fué una acción villana e infame, indigna de un caballero como usted...

—¡Muy bien —agregó Alejandro—, muy bien! Acción villana e infame, indigna de un caballero; ¡muy bien!

—Y aunque, como le repito, se me puede y debe excusar en atención a mi estado de entonces, yo quiero, sin embargo, que usted me perdone. ¿Me perdona?

—Sí, sí; le perdono a usted todo; les perdono a ustedes todo —suspiró el conde más muerto que vivo y ansioso de escapar cuanto antes de aquella casa.

—¿A ustedes? —le interrumpió Alejandro—. A mí no me tiene usted nada que perdonar.

—¡Es verdad, es verdad!

—Vamos, cálmese —continuó el marido—, que le veo a usted agitado. Tome otra taza de té. Vamos, Julia sírvele otra taza al señor conde. ¿Quiere usted tila² en ella?

—No..., no...

¹ *¡Por perdonado!* All forgiven!
² *tila* linden blossom, popular in Spain and elsewhere in Europe for its sedative effect.

84

—Pues bueno, ya que mi mujer le dijo lo que tenía que decirle, y usted le ha perdonado su locura, a mí no me queda sino rogarle que siga usted honrando nuestra casa con sus visitas. Después de lo pasado, usted comprenderá que sería de muy mal efecto que interrumpiéramos nuestras relaciones. Y ahora que mi mujer está ya, gracias a mí, completamente curada, no corre usted ya peligro alguno con venir acá. Y en prueba de mi confianza en la total curación de mi mujer, ahí les dejo a ustedes dos solos, por si[1] ella quiere decirle algo que no se atreve a decírselo delante de mí, o que yo, por delicadeza, no deba oír.

Y se salió Alejandro, dejándolos cara a cara y a cuál de los dos más sorprendidos[2] de aquella conducta. "¡Qué hombre!", pensaba él, el conde, y Julia: "¡Este es un hombre!"

Siguióse un abrumador silencio. Julia y el conde no se atrevían a mirarse. El de Bordaviella miraba a la puerta por donde saliera[3] el marido.

—No —le dijo Julia—, no mire usted así; no conoce usted a mi marido, a Alejandro. No está detrás de la puerta espiando lo que digamos.

—¡Qué sé yo...! Hasta es capaz de traer testigos...

—¿Por qué dice usted eso, señor conde?

—¿Es que no me acuerdo de cuando trajo a los dos médicos en aquella horrible escena en que me humilló cuanto más se puede[4] y cometió la infamia de hacer que la declarasen a usted loca?

—Y así era la verdad, porque si no hubiese estado yo entonces loca, no habría dicho, como dije, que era usted mi amante...

—Pero...

—¿Pero qué, señor conde?

—¿Es que quieren ustedes declararme a mí loco o volverme tal? ¿Es que va usted a negarme, Julia...?

[1] *por si* in case
[2] *a cuál . . . sorprendidos,* i.e. *no se sabe (es difícil saber) a cuál* it is hard to to tell which one of the two was more surprised
[3] *saliera,* i.e. *había salido*
[4] *cuanto más se puede* as much as possible

—¡Doña Julia o señora de Gómez!

—¿Es que va usted a negarme, señora de Gómez que, fuese por lo que fuera,[1] acabó usted, no ya sólo aceptando mis galanteos...; no, galanteos, no; mi amor...?

—¡Señor conde...!

—¿Que acabó, no sólo aceptándolos, sino que era usted la que provocaba y que aquello iba...?

—Ya le he dicho a usted, señor conde, que estaba entonces loca, y no necesito repetírselo.

—¿Va usted a negarme que empezaba yo a ser su amante?

—Vuelvo a repetirle que estaba loca.

—No se puede estar ni un momento más en esta casa. ¡Adiós!

El conde tendió la mano a Julia, temiendo que se la rechazaría. Pero ella se la tomó y le dijo:

—Conque ya sabe usted lo que le ha dicho mi marido. Usted puede venir acá cuando quiera, y ahora que estoy yo, gracias a Dios y a Alejandro, completamente curada, curada del todo, señor conde, sería de mal efecto que usted suspendiera sus visitas.

—Pero, Julia...

—¿Qué? ¿Vuelve usted a las andadas?[2] ¿No le he dicho que estaba entonces loca?

—A quien le van a volver ustedes loco, entre su marido y usted, es a mí...

—¿A usted? ¿Loco a usted? No me parece fácil...[3]

—¡Claro! ¡El michino!

Julia se echó a reír. Y el conde, corrido y abochornado, salió de aquella casa decidido a no volver más a ella.

Todas estas tormentas de su espíritu quebrantaron la vida de la pobre Julia, y se puso gravemente enferma, enferma de la mente. Ahora sí que parecía de veras que iba a enloquecer. Caía con frecuencia en delirios, en los que llamaba a su marido con las más

---

[1] *fuese por lo que fuera* for one reason or another
[2] *¿Vuelve . . . andadas?* Are you going to start all over again?
[3] *No me parece fácil.* That doesn't seem likely.

ardientes y apasionadas palabras. Y el hombre se entregaba a los transportes dolorosos de su mujer procurando calmarla. "¡Tuyo, tuyo, tuyo, sólo tuyo y nada más que tuyo!", le decía al oído, mientras ella, abrazada a su cuello, se lo apretaba casi a punto de ahogarlo.

La llevó a la dehesa a ver si el campo la curaba. Pero el mal la iba matando. Algo terrible le andaba por las entrañas.

Cuando el hombre de fortuna vió que la muerte le iba a arrebatar su mujer, entró en un furor frío y persistente. Llamó a los mejores médicos. "Todo era inútil", le decían.

—¡Sálvemela usted!— le decía al médico.

—¡Imposible, don Alejandro, imposible!

—¡Sálvemela usted, sea como sea![1] ¡Toda mi fortuna, todos mis millones por ella, por su vida!

—¡Imposible, don Alejandro, imposible!

—¡Mi vida, mi vida por la suya! ¿No sabe usted hacer eso de la transfusión de la sangre? Sáqueme toda la mía y désela a ella. Vamos, sáquemela.

—¡Imposible, don Alejandro, imposible!

—¿Cómo imposible? ¡Mi sangre, toda mi sangre por ella!

—¡Sólo Dios puede salvarla!

—¡Dios! ¿Dónde está Dios? Nunca pensé en Él.

Y luego a Julia, su mujer, pálida, pero cada vez más hermosa, hermosa con la hermosura de la inminente muerte, le decía:

—¿Dónde está Dios, Julia?

Y ella, señalándoselo con la mirada hacia arriba, poniéndosele con ello los grandes ojos casi blancos,[2] le dijo con una hebra de voz:

—¡Ahí le tienes!

Alejandro miró al crucifijo que estaba a la cabecera de la cama de su mujer, lo cogió y, apretándolo en el puño, le decia: "Sálvamela, sálvamela y pídeme todo, todo, todo; mi fortuna toda, mi sangre toda, yo todo... todo yo."

[1] *sea como sea* at any cost, no matter how
[2] *poniéndosele . . . blancos* her large eyes becoming almost all white as she did so

Julia sonreía. Aquel furor ciego de su marido le estaba llenando de una luz dulcísima el alma. ¡Qué feliz era al cabo! ¿Y dudó nunca[1] de que aquel hombre la quisiese?

Y la pobre mujer iba perdiendo la vida gota a gota. Estaba marmórea y fría. Y entonces el marido se acostó con ella y la abrazó fuertemente, y quería darle todo su calor, el calor que se le escapaba a la pobre. Y le quiso dar su aliento. Estaba como loco. Y ella sonreía.

—Me muero, Alejandro, me muero.

—¡No, no te mueres —le decía él—, no puedes morirte!

—¿Es que no puede morirse tu mujer?

—No; mi mujer no puede morirse. Antes me moriré yo. A ver, que venga la muerte, que venga. ¡A mí! ¡A mí la muerte! ¡Que venga!

—¡Ay, Alejandro, ahora lo doy todo por bien padecido...![2] ¡Y yo que dudé de que me quisieras...!

—¡Y no, no te quería, no! Eso de querer, te lo he dicho mil veces, Julia, son tonterías de libros. ¡No te quería, no! ¡Amor..., amor! Y esos miserables cobardes, que hablan de amor, dejan que se les mueran sus mujeres.[3] No, no es querer... No te quiero...

—¿Pues qué? —preguntó Julia con la más delgada hebra de su voz, volviendo a ser presa de su vieja congoja.

—No, no te quiero... ¡Te... te... te..., no hay palabra! —estalló en secos sollozos, en sollozos que parecían un estertor, un estertor de pena y de amor salvaje.

—¡Alejandro!

Y en esta débil llamada había todo el triste júbilo del triunfo.

—¡Y no, no te morirás; no te puedes morir; no quiero que te mueras! ¡Mátame, Julia, y vive! ¡Vamos, mátame, mátame!

—Sí, me muero...

—¡Y yo contigo!

—¿Y el niño, Alejandro?

---

[1] *¿Y dudó nunca* How could she ever have doubted
[2] *lo doy todo por bien padecido* I know that I have not suffered in vain
[3] *dejan . . . mujeres* allow death to take their wives

88

—Que se muera también. ¿Para qué le quiero sin ti?

—Por Dios, por Dios, Alejandro, que estás loco...

—Sí, yo, yo soy el loco, yo el que estuve siempre loco..., loco de ti, Julia, loco por ti... Yo, yo el loco. ¡Y mátame, llévame contigo!

—Si pudiera...

—Pero no, mátame y vive, y sé tuya...[1]

—¿Y tú?

—¿Yo? ¡Si no puedo ser tuyo, de la muerte![2]

Y la apretaba más y más, queriendo retenerla.

—Bueno, y al fin, dime, ¿quién eres, Alejandro? —le preguntó al oído Julia.

—¿Yo? ¡Nada más que tu hombre..., el que tú me has hecho!

Este nombre sonó como un susurro de ultramuerte,[3] como desde la ribera de la vida, cuando la barca parte por el lago tenebroso.[4]

Poco después sintió Alejandro que no tenía entre sus brazos de atleta más que un despojo. En su alma era noche cerrada y arrecida. Se levantó y quedóse mirando a la yerta y exánime hermosura. Nunca la vió tan espléndida. Parecía bañada por la luz del alba eterna de después de la última noche.[5] Y por encima de aquel recuerdo en carne ya fría sintió pasar, como una nube de hielo, su vida toda, aquella vida que ocultó a todos, hasta a sí mismo. Y llegó a su niñez terrible y a cómo se estremecía bajo los despiadados golpes del que pasaba por su padre, y cómo maldecía de él, y cómo una tarde, exasperado, cerró el puño, blandiéndolo, delante de un Cristo de la iglesia de su pueblo.[6]

---

[1] *sé tuya* belong to no one but yourself

[2] *¡Si no puedo . . . muerte!* If I can't belong to you, let me belong to Death!

[3] *un susurro de ultramuerte* a murmur from beyond death

[4] *el lago tenebroso* the shadowy lake. Reference to the river Styx of Greek mythology and to Charon who ferried the souls of the departed across it.

[5] *del alba . . . noche* of the eternal dawn that comes after the world's final night

[6] *exasperado . . . pueblo.* Did he kill the man *que pasaba por su padre*, or swear some vow before the image of Christ? Unamuno does not make the action entirely clear in this passage.

Salió al fin del cuarto, cerrando tras sí la puerta. Y buscó al hijo. El pequeñuelo tenía poco más de tres años. Lo cogió el padre y se encerró con él. Empezó a besarlo con frenesí. Y el niño, que no estaba hecho[1] a los besos de su padre, que nunca recibiera[2] uno de él, y que acaso adivinó la salvaje pasión que los llenaba, se echó a llorar.

—¡Calla, hijo mío, calla! ¿Me perdonas lo que voy a hacer? ¿Me perdonas?

El niño callaba, mirando despavorido al padre, que buscaba en sus ojos, en su boca, en su pelo, los ojos, la boca, el pelo de Julia.

—¡Perdóname, hijo mío, perdóname!

Se encerró un rato en arreglar su última voluntad. Luego se encerró de nuevo con su mujer, con lo que fué su mujer.

—Mi sangre por la tuya —le dijo, como si le oyera, Alejandro—. La muerte te llevó. ¡Voy a buscarte!

Creyó un momento ver sonreír a su mujer y que movía los ojos. Empezó a besarla frenéticamente por si así la resucitaba,[3] a llamarla, a decirle ternezas terribles al oído. Estaba fría.

Cuando más tarde tuvieron que forzar la puerta de la alcoba mortuoria, encontráronlo abrazado a su mujer y blanco del frío último, desangrado y ensangrentado.

Salamanca, abril de 1916.

[1] *no estaba hecho* was not accustomed
[2] *recibiera,* i.e. *había recibido*
[3] *por si así la resucitaba* as if to see whether he might bring her back to life

90

EJERCICIOS

SAN MANUEL BUENO, MÁRTIR

1. Preguntas

1. ¿Por qué quiere Ángela relatar todo lo que sabe y recuerda de Don Manuel?
2. ¿Cómo se llama la aldea de Don Manuel? ¿Cómo se llama la ciudad catedralicia?
3. ¿Qué sabe Ángela de su padre?
4. ¿Qué libros, o qué tipo de libros leía Ángela siendo niña?
5. Según lo describe Ángela, ¿cómo era Don Manuel?
6. ¿Dónde estaba Lázaro durante la niñez de Ángela?
7. ¿Qué ideas tiene Lázaro sobre la educación de Ángela?
8. ¿Por qué dijeron las compañeras de colegio que tenía Ángela mucha suerte?
9. ¿Cuánto tiempo pasó Ángela en el colegio? ¿Cuántos años tenía ella al volver a Valverde de Lucerna?
10. ¿Quién era Blasillo?
11. Al recitar todos juntos el *Credo*, ¿en qué artículo se callaba Don Manuel?
12. ¿Qué quiere decir la palabra *payaso*, y por qué dice Don Manuel que le pagarán los ángeles en el cielo?
13. ¿Cómo justifica Don Manuel que se le dé tierra sagrada al suicida?
14. ¿Por qué no se le ocurrió a Don Manuel ir al claustro?
15. ¿Por qué tuvo que volver Ángela de la ciudad cuando fué invitada por una compañera de colegio?
16. ¿Por qué le parece a la madre de Ángela que se le va a ir monja ésta?
17. ¿Por qué no declamó Don Manuel contra masones, liberales o herejes?
18. ¿Qué trajo Lázaro del Nuevo Mundo?

93

19. ¿Qué les propone Lázaro a su madre y a su hermana al regresar a España? ¿Por qué no le conviene a su madre el propósito de Lázaro?
20. Al morir su madre, ¿qué le prometió Lázaro a ella?
21. ¿Cuál es el secreto de su vida que revela Don Manuel a Lázaro?
22. Dice Ángela que la vida de Don Manuel ha sido un martirio. ¿Por qué?
23. ¿Cuál era la tentación mayor de Don Manuel?
24. ¿Dónde murió Don Manuel?
25. Al morir Don Manuel, ¿qué pasó con el pobre de Blasillo?
26. Después de la muerte de Don Manuel, ¿qué esperaban ver los aldeanos de Valverde de Lucerna?
27. ¿Cuál era la ambición del cura que llegó a sustituir a Don Manuel?
28. Al final de la novela, ¿qué piensa Ángela que les había enseñado Don Manuel?
29. ¿Cuántos años tiene Ángela al escribir su relato de la vida y muerte de Don Manuel?
30. ¿Qué quiere decir "Miguel"? ¿Qué quiere decir "arcángel"? ¿Qué quiere decir "diablo"?

II. CONVERSACIÓN Y COMPOSICIÓN

1. ¿Por qué creen todas las personas de Valverde de Lucerna, y hasta el obispo de Renada, que era un santo Don Manuel? ¿Qué hizo el párroco para hacer que lo quisieran tanto?
2. Dice Don Manuel que más vale creer las supersticiones que no creer en nada. ¿Qué opina Vd. sobre esta cuestión? ¿Vale más tener mucha erudición o mucha fe?
3. Dice Lázaro que hay dos clases de hombres nocivos y peligrosos. ¿Cuáles son las dos clases que señala así Lázaro, y en qué sentido se les puede calificar de nocivos y peligrosos? ¿Cree Vd. que sean realmente malos tales hombres?

4. Menciona la novela varias supersticiones que creen los aldeanos de Valverde de Lucerna. ¿Cuáles son las supersticiones más raras o interesantes que habrá encontrado Vd.?

5. Dice Don Manuel que ni el progreso material ni la reforma social resolverá "el problema humano." Según el pensamiento de Unamuno, ¿cuál es ese problema humano, y por qué no es posible solucionarlo así? ¿Está Vd. de acuerdo?

6. ¿Le parece a Vd. justo que confiese Don Manuel sus dudas a Lázaro? ¿Y que no confíe en el pueblo entero, o a lo menos en las autoridades de la Iglesia?

7. Nos dice Ángela repetidas veces que Don Manuel huía de la soleded. ¿Por qué la temía tanto? Mencione Vd. algunos de los medios que tuvo Don Manuel para evitar el "pensar ocioso".

8. Hay un cambio evidente y profundo en el pensamiento y en el carácter de Lázaro después de su regreso del Nuevo Mundo. ¿Qué ideas trae de allí? ¿Qué efecto hacen sus ideas en el pueblo? Después de conocer a Don Manuel, ¿cómo cambian sus creencias sociales, políticas y religiosas?

9. ¿En qué consiste el "martirio" de Don Manuel? En ese sentido, ¿son mártires también Lázaro y Ángela?

10. ¿Cree Vd. que sería justo llamarle ateo a Don Manuel? ¿O hipócrita? ¿Cómo explica Ángela el martirio de Don Manuel y de su hermano Lázaro?

NADA MENOS QUE TODO UN HOMBRE

I. Preguntas

1. ¿Por qué estaba esparcida la fama de Julia Yáñez por toda la comarca?
2. ¿Cuáles eran las esperanzas de don Victorino?
3. ¿Qué se sabe del hermano de Julia?
4. ¿Por qué no quiere nada de reja el padre de Julia?
5. ¿Por qué buscaba Enrique el medio de desentenderse del compromiso?
6. ¿Por qué rompieron sus relaciones Julia y Pedro?
7. ¿Quién es don Alberto Menéndez de Cabuérniga?
8. ¿Qué quiere decir *indiano*?
9. ¿Cómo había fraguado Alejandro Gómez una fortuna fabulosa, y dónde?
10. ¿Por qué rechaza Julia el beso de su padre?
11. ¿Por qué se le escapa a Julia un grito al saber que quiere casarse con ella Alejandro Gómez?
12. ¿Quiénes frecuentaban la casa de Alejandro en la corte, y por qué?
13. ¿Con qué motivo afectaría Alejandro Gómez cierta ordinariez plebeya en el traje?
14. ¿Qué le cuenta su marido a Julia cuando se atreve ésta a preguntarle por su familia?
15. Dice Alejandro que los celos son cosas de estúpidos. ¿Está Vd. de acuerdo? ¿Qué opina Vd. sobre este particular?
16. ¿Qué se sabe respecto al hogar de los condes de Bordaviella?
17. ¿Le parece a Vd., igual que a Alejandro, que es un mentecato el conde? Diga por qué está (o no está) de acuerdo.
18. ¿Por qué finge el conde estar acongojado por sus desventuras domésticas?

19. ¿Qué habría sucedido, según Bordaviella, si se hubieran conocido él y Julia antes de casarse?
20. Sin duda recuerda Vd. el episodio del Casino. ¿Cómo se produjo el escándalo aquél?
21. ¿Qué clase de armas admite Gómez para el duelo?
22. ¿Por qué cree Alejandro que a su mujer le vendrá muy bien "una temporadita de campo"?
23. ¿Por qué ha llamado Alejandro Gómez a los médicos alienistas?
24. ¿Están convencidos los facultativos de que está loca Julia?
25. Según Julia, ¿en qué consiste la diferencia entre Otelo y su marido?
26. ¿Por qué se fingió curada Julia después de haber estado en el manicomio durante algún tiempo?
27. ¿Por qué le ordena Alejandro Gómez al conde de Bordaviella que vaya nuevamente a su casa?
28. ¿Qué les ofrece Alejandro a los médicos para que salven a su mujer de la muerte?
29. ¿En qué momento, precisamente, recuerda Alejandro todos los horrores de su niñez?
30. Cuando forzaron la puerta de la alcoba, ¿de qué se enteraron?

II. Conversación y composición

1. ¿Se puede presentir a veces un porvenir fatal? ¿Por qué lo temía Julia Yáñez?
2. ¿Habrá padres, como el de Julia, capaces de querer vender a una hija?
3. Le parece a Vd. justificado el desdén que manifiesta Alejan-· dro con respecto a todos los nobles?
4. ¿Por qué se casaría Gómez con Julia? ¿Y ella con él?
5. Bajo las circunstancias, ¿hicieron bien o mal los alienistas al declarar loca a Julia?
6. ¿Cree usted que matara Gómez a su primera mujer? ¿al que pasaba por su padre?

7. ¿Habrá querido de veras a su mujer Alejandro Gómez? ¿La querría el conde de Bordaviella?

8. ¿Cómo se explica el suicidio por parte de Alejandro Gómez? ¿Es posible que se sintiera culpable de la muerte de su esposa, o sería acaso que no le era posible ya vivir sin ella?

9. ¿Se le puede admirar a un hombre como Alejandro? ¿Le parece a Vd. odiosa o digna de alabanza una personalidad como la de él, enérgica, resuelta, dominante?

10. ¿Puede hacerse a sí mismo el ser humano o resulta, más bien, como producto de circunstancias muy fuera de su control y alcance?

VOCABULARIO

Items Omitted in Vocabulary

1. Numerals
2. Recognizable cognates (**concernir, completar,** etc.)
3. Possessive adjectives
4. Simple pronouns
5. Articles
6. Days of the week, months, and seasons
7. Forms of irregular verbs unless they have a special meaning (with exception of **fuere**—*fut. subj.*, and **ve**—*imp.*)
8. Regularly formed adverbs in **-mente** when the corresponding adjective is included
9. Limited number of words which should be familiar to the intermediate student; for example, **ayer, cabeza, donde, comer, dormir** (but not **dormirse**), **despúes, amigo, calle, día,** etc.
10. Diminutives without special meanings (**hijito**)

List of Abbreviations

adj.	adjective	*infin.*	infinitive
adv.	adverb	*interj.*	interjection
dim.	diminutive	*m.*	masculine
f.	feminine	*n.*	noun
fut.	future	*pl.*	plural
imp.	imperative	*pron.*	pronoun
	subj.	subjunctive	

a to; at; on, upon; in; — **los pocos días** a few days later; — **los quince** at the age of fifteen

abad *m.* abbot

abadía abbey

abajo below

abatir to discourage; to knock down

abochornado mortified, humiliated

abrazar to embrace

abrir to open

abroquelado protected (as) by a shield

abrumador devastating, crushing

abrumar to crush; to overwhelm

abuelo grandfather; *pl.* grandparents, forefathers

aburrirse to get bored

acá here, back here; up to now

acabamiento completion

acabar to finish, end up; — **con** to put an end to; — **por** to end up (by); —**se** to come to an end

acariciar to caress; to treat with affection

acaso perhaps

acento accent, tone

aceptar to accept

acercarse to approach, come near

acertar to guess right; — **a** to succeed in

acobardarse to become frightened

acometer to attack, assault

acompañar to accompany

acongojar to afflict

aconsejar to advise, counsel

acordarse to remember

acostarse to lie down

acostumbrarse (a) to get into the habit, accustom oneself; **como se acostumbra** according to habit, custom

acudir to flock; to respond; — **a** to have recourse to; to turn to

acuerdo agreement

acuitarse to grieve

acusador *m.* accuser; prosecutor

Adán Adam

adelantarse to get ahead; to anticipate

adelante forward, ahead; **de ahora en** — from now on, henceforth; **en** — henceforth, in the future

además besides, furthermore

adentro inside, within

adiós good-by

adivinanza riddle, guessing game

adivinar to guess

adonde where

adorar to adore, worship

adquirir to acquire

adular to flatter

advertir to note, observe; to caution

afamado famed, noted

afectar to affect, pretend

afecto affection, kindness

aficionado fond, addicted to

aficionarse (a) to become attached (to)

afincarse to settle; to buy up real estate

afligirse to grieve, lose heart

afrentar to dishonor, insult

afrontar to face, confront, defy

agarrotar to choke

agasajar to entertain generously

agente (*m.*) **de negocios** broker

agitado shaken, excited

agonía agony

agonizante agonizing, in agony; dying

agonizar to die, be dying

agrario agrarian; **sindicato** — farmers' association

agregar to add

agua water; **cambiar de —s** to change pastures

agudeza (mental) keenness (of mind)

agüero sign, omen

ahí there; **por —** around here

ahogante suffocating

ahogarse to drown; to quench, extinguish; to suffocate

ahogo attack (of suffocation), shortness of breath

ahora now; **— que** now that

ahorrar to save

ajedrez *m.* chess

ajeno another's, someone else's

al (*contraction of* **a + el**) to the; **— + infin.** on, upon **+ gerund**; **al volver** on returning

alabanza praise

alarde *m.* ostentation; **hacer — de** to boast of

alardear to boast, brag

alba dawn

alcance reach, capacity

alcoba bedroom

aldea village

aldeanería the dullness and stupidity of being countrified

aldeano *adj.* rustic; *n.* peasant; **aldeana** village girl

aleccionar to instruct

alegrar to gladden; **—se** to be glad

alegre joyful, merry

alegría joy, cheer

alfeñique *m.* almond-flavored sugar paste; ridiculously delicate person

algo something; anything; somewhat

alguien someone; **que dijo —** as somebody said

alguno (algún) some, any; someone

alienista: médico — psychiatrist

aliento breath

alimentar to nourish; to maintain; to entertain

aliviar to soothe, alleviate

alma soul

almohada pillow

alto high, tall

alucinacíon hallucination

alumbrar to illuminate

allá there; **más —** beyond; **por —** over there; **allá entre él y Diós** let him settle his account with God

allí there

amante *m.* lover

amargado embittered

amargar to make bitter, distasteful

amargo bitter

ambiguo ambiguous, having two meanings

amenazador menacing; menacingly

amenazar to threaten

amistad *f.* friendship

amo master

amor *m.* love

amparar to protect

anacoreta *m.* anchorite; recluse

analfabeto (*adj. and n.*) illiterate

ancla anchor

andada trail; **volver a las —s** to repeat old mistakes; to backslide

andar to walk about, circulate; to be; **— con** to become involved in

andrómina lie, fraud

angelito little angel

anguloso angular

animar to enliven, give life; **—se** to take heart

anoche last night

ansioso anxious, impatient, longing

ante before, in the presence of; **— todo** above all

antecedentes *m. pl.* background; past

antes before, previously; rather; **cuanto —** as quickly as possible; the sooner the better; **— de** before

antiguo former

antojar to fancy; **se me antoja** it seems to me; I imagine; I see fit

anudar to join, unite

anunciar to announce
añadir to add
año year; hace ya —s many years ago
apacible peaceful
aparecer to appear
apariencia appearance
apartar to remove, take away
apasionado passionate
apegarse (a) to become attached (to), grow fond (of)
apenas barely, hardly; — si scarcely
aplicar to apply
aportar to bring
apoyar to bear out; to support
apreciar to value
aprender to learn
apretar to press, squeeze
aprovechar to take advantage of
aquel adj. that; aquél pron. that, the former; aquello (de) that; that affair, matter (of)
aquí here; he — that is the reason (for); here is, here are
árbol m. tree
arcángel m. archangel
archimensajero archmessenger
arder to burn
ardiente ardent, burning
aroma m. aroma, fragrance
arquitectónico architectonic
arraigar to take root; to establish; to settle
arrancar to tear out, to uproot
arrasar to fill to the brim
arrastrar to drag
arrebatar to snatch away, carry off
arrebolar to redden
arrecido icily cold
arreglar to put in order; to settle; to save
arrepentirse (de) to repent
arriba above; hacia — upwards
arrimar to bring close; —se to huddle, draw close (as if seeking protection)
arrobo ecstasy, rapture

arrogarse to arrogate to oneself; to usurp
arrojar to hurl
asaltar to assault, attack
asco disgust, loathing
asegurar to assure
asentar to place
así thus, that way; — como just as, along with; — ... como both ... and; — que so that; therefore; un santo — a saint like that
asiduo assiduous, devoted
asistir to attend; to accompany; to serve
asomar to begin to appear; to show
asombro amazement
atajar to cut short
atañedero concerning, in reference to
atediado cateworn, weary
atención attention en — a in view of, taking into account, considering
atender to take care of; to look after
atenerse (a) to rely (on); to be satisfied (with); to abide (by)
atento attentive
ateo atheist
aterrar to horrify, fill with terror
atleta m. athlete
atormentar to torture
atraer to attract
atragantar to choke; se me atragantó I felt a strong dislike for
atrás back; volverse — to turn back, change one's mind
atravesar to cross; to pierce
atreverse (a) to dare (to)
atribuir to attribute, ascribe
aumentar to increase
aun (aún) even; yet, still; ni — not even
aunque although
ausencia absence
ausente absent
Ave María Hail Mary
aventar to winnow (grain)

aventura adventure; — matrimonial marital adventure
aventurero soldier of fortune
avisar to advise, inform
¡ay! alas! oh!
ayudar to help, assist
azul blue, sky blue

báculo stick, staff; aid, consolation
bailar to dance
baile *m.* dance
bajar to go down; to lower
bajo low, lower; below, under; por lo — secretly; to himself
balbucear to stammer, stutter
balbuciente shakingly
balbucir *variation of* balbucear
balcón *m.* balcony
banda band, troop
bandido bandit
bandolero highway robber
bañar(se) to bathe
barbaridad *f.* outrage
bárbaro barbarian; ¡que —! what a beast!
barbotar to mutter
barca boat
bastar to be sufficient; ¡basta! enough
beber to drink
belleza beauty
bendición blessing, benediction
bendito saintly, blessed; agua bendita holy water
besar to kiss
beso kiss
besuquear to smother with kisses
besuqueo repeated kissing
biblioteca library
bien well; readily; — pronto quite soon; — se dice it's for a good reason they say; más — rather
bienaventurado blessed; blissful
bienestar *m.* well-being
blanco white
blandir to shake (a fist)

blanquear to turn white
blasfemia blasphemy
blasón *m.* coat of arms; aristócratas de — aristocrats of long standing
bobada nonsense, folly
bobo fool, nitwit, idiot
boca mouth; a — de jarro without moderation, when least expected; a — llena without hesitation
boda wedding
bonito pretty
bordar to embroider
borde *m.* edge; verge
borrachera drunkenness, a drinking-bout
borrar to erase
borroso undistinguished
botellazo blow with a bottle (The Spanish suffix -azo frequently expresses blow or stab with; cf. fuetazo from fuete, horsewhip; cuchillazo from cuchillo, knife; machetazo from machete; puñalazo from puñal, dagger, puñetazo from puño, fist.)
brazo arm
breve brief, short
breviario breviary (book containing daily prayers)
brillo splendor, brightness
brío spirit; determination
brisa breeze
broche *m.* clasp, clip, brooch
broma joke, jest
brotar to gush forth
brumoso misty, shady
bruto stupid, brutish
bueno good, fine; pues — well, then
buitre *m.* vulture
burlar to ridicule; to deceive; —se de to mock, make fun of
burro donkey
buscar to seek, look for; to try

caballeresco chivalrous, gentlemanly

caballería chivalry, gentlemanliness
caballero gentleman
cabecera headboard
caber to fit; to be possible, feasible;
  no cabe decir one can hardly say
cabo end; al — in the end, after all
cabrera young woman tending goats
cabrillear to form whitecaps
cada each; — vez más more and
  more; — vez menos less and less
caja box
calabozo prison cell
cálculo calculation
calentarse to warm oneself
calificar to characterize
calificativo qualifier, qualifying term
calmarse to calm down
calor m. warmth
calzonazos m. weakling, jellyfish
callado silent, silenced
callar(se) to be (remain) silent; to
  keep a secret
calleja alley
cama bed
cambiar (de) to change
cambio change; exchange; en — on
  the other hand
camino road
camisa shirt
campana bell
campanada ringing of a bell
campar to camp; — por su cuenta
  to do as one pleases
campo field, country
cantar to sing; to crow
canto singing; chant
capaz capable
capilla chapel
capirote: loco (tonto) de — hopeless
  idiot (fool)
capitán m. captain
capricho whim
caprichoso willful, capricious
caridad f. charity
cariño affection

carnal carnal, of the flesh
carne f. flesh
carrera course, journey; career
carretera highway
carta playing card; letter
cartel m. poster; dar — to lend prestige
casa house; a — home
casado married
casamiento marriage
casar to marry (off); —se to get
  married
cascada cascade, waterfall
casco skull; levantarle a uno los —s
  to make one's head spin
casi almost
casino clubhouse
caso case; hacer — to pay attention
casta kind, breed
castaño chestnut-colored
castigar to punish
casto chaste
catecismo catechism
catedralicio (pertaining to a) cathedral
catequizar to catechize; to win over
caudal m. wealth, capital; caudalillo
  (dim.) neat little sum of money
caudillo leader, chief
cautela caution
cautivo (adj. and n.) captive
cavilación f. mistrust; anguish
cebo bait; incentive
ceder to cede, yield
celda cell
celebrar to say (Mass)
celo zeal; pl. jealousy; dar —s to
  make jealous
celoso jealous
cementerio cemetery
cenar to eat supper
ceniza ash, ashes
ceñir to surround
cerca (de) near; about, approximately
cercanía vicinity
cerco siege

cerrado dense; obscure
cerrar to close; to clench
certidumbre *f.* certainty
ciego blind
cielo heaven, sky
cierto (a) certain; por — to be sure
cierzo cold north wind
cincuentona woman in her fifties
cirineo helper
cirujano surgeon
cisterciense Cistercian (monk)
cita appointment
ciudad *f.* city, town
clamar to clamor, cry out
claro clear; *interj.* sure! of course!
— está of course; — que most
definitely
clase *f.* kind; toda — de all kinds of
claustro cloister
clavellina carnation, garden pink
cobarde coward
cobijarse to find refuge
cocina kitchen
coche *m.* car, taxi
codicia greed, lust
código code
coger (cojer) to seize, take hold of;
to pick up
colaborador *m.* collaborator, co-
worker
colegio school, academy; Colegio de
Religiosas convent-school
cólera anger, rage
colmar (de) to shower (with)
colmo height
comadrería idle talk, gossip
comarca district, region
cometer to commit
comida meal
como as, like; since; how; — que
as if; because, inasmuch as; — si
as if; ¿cómo? how?
compadecer to pity
compañero (-ra) companion
comparecer to show up, appear

complacerse con (de, en) to delight
in, take pleasure in
comprador *m.* buyer
comprometido compromised, endan-
gered
compromiso commitment, embarrass-
ment
comulgar to take communion
común common
con with, by; para — toward
concertar to arrange
concertarse to agree
conciencia conscience; consciousness
concluir to conclude
concha shell
condal of a count, pertaining to a
count
conde *m.* count; los —s the count
and countess
condenar to condemn
condesa countess
condesito (*derogatory*) *dim. of* conde
condezuelo (*derogatory*) *dim. of* conde
conducta conduct, behavior
conducto por — de by way of,
through; le ruega, por mi — asks
me to convey to you
confesar to confess
confesonario confessional (an en-
closed place where confessions are
heard by a priest)
confianza confidence; familiarity
confiar to confide
confuso confused, upset
congoja anguish, grief
conmover to move; to touch
conocer to know, make the acquaint-
ance of; dar a — to make something known
conocimiento knowledge; llegar al
— de to come to the attention of
conque and so, so then
conquistador *m.* conqueror
conquistar to conquer
consagrado hallowed

consciente conscious
conseguir to obtain; to achieve; to succeed
consentir to consent; to permit
consignar to relate; **dejar consignado** to leave in writing
consternado terrified
construir to construct
consuelo consolation
consumidor consuming
contagiado infected, influenced
contar to tell
contener to restrain, hold back; —se to control oneself
contentamiento contentment
contentar to satisfy, please
contento contented, contentedly; n. contentment
contestación reply
contestar to reply
contorno district, environs
contra against
convencer to convince
convenir to agree; **a ti te conviene** it would be well for you to
coqueta coquette, flirt
coquetear to flirt
corderilla little lamb
Corintios m. pl. Corinthians
coro chorus; choir
corregir to correct
correr to run; to circulate; **— (un) peligro** to be in danger
corrido ashamed
corriente f. current, stream
corroborar to strengthen
cortante cutting
cortar to cut; to interrupt
corte f. court; capital (referring to Madrid)
cortejar to court
cosa thing, matter; **— de** a matter of
cosquilleo tickling sensation
costa cost; **a toda —** by any means, at any price

costar to cost; to be an effort
costoso expensive
cotarro lodging (usually for the destitute)
cotidiano daily, everyday
crear to create
crecer to grow, increase
creencia belief
creer to believe
cresta crest
creyente believing; m. believer
criado servant; **criada** maid
Criador (Creador) Creator
crianza nursing; rearing
criar to nurse; —se to grow up; to be raised
criatura creature; infant; dim. **criaturita**
crimen m. crime
crío baby
cristal m. crystal, glass
Cristo Christ
cronicón m. brief chronicle
crucifijo crucifix
crudo raw; harsh
cruz f. cross
cuadra large room, hall
cuajo coagulation; **llorar con —** to sob uncontrollably
cual: el — who, which; **cada —** each and everyone; **¿cuál?** what? which one?
cualquier(a) any; some
cuando when; **de vez en —** from time to time
cuantioso substantial
cuanto all that; how much; **— más** the more; as much as; **— menos** the less; **en —** as soon as; **en — a** as for, concerning; **—s** all who, all that; **unos —s** some, a few
cubrir to cover; to envelop
cuello neck
cuenta bill; account; count; **darse — de** to realize; **hacer —** to

assume; **haz** — just believe; **tener** — **con** to be careful of
cuerno horn (referring to a husband whose wife is unfaithful)
cuidado care; sorrow; — **con** be careful not to
cuidar (de) to look after; to care for; **cuida 'que** make sure that
culpa guilt; fault
culpable guilty, sinful
culto cultivated, learned; *m.* cult, worship
cumbre *f.* summit
cumplir to fulfill; —... **años** to be ... years old; — **con** to fulfill (an obligation)
cura priest; cure
curación healing, cure
curandero healer
curar to cure, heal
curato parish; priestly office

chaparrón *m.* downpour, outpour
chica little girl; my dear; *dim.* **chiquilla**
chiquillería crowd of small fry
chisme *m.* gossip

danzante dancing; *m.* frivolous person; charlatan; **té** — tea dance
daño damage
dar to give; — **a conocer** to make (something) known; — **en** to be bent on; — **por** to consider; —**le (a uno) por** to have an inclination; —**se a** to devote oneself to; —**se cuenta de** to realize; **no me la da** he can't pull the wool over my eyes
dato (news) item; —**s** data
debajo (por —**)** below, beneath, underneath
deber must, have to; to owe
debido (a) owing (to), due (to)
débil weak
decaer to decline; to fade away

decidir to decide, determine
decir to say; to claim; **es** — that is to say; **querer** — to mean; **se dice** it is said, they say; **diríase** one might say
declamar to declaim; to pronounce
decoroso respectful; decent
defender to defend; —**se de** to defend oneself against
dehesa pasture land, meadow
dejar to leave, let (alone); to allow; **déjalo** forget it, don't bother
dejar (de) to fail (to); to stop, cease
delante (de) in the presence of; present
delgado slender; delicate, weak
delicadeza tact
delirio delirium, madness
delito crime, transgression
demás other, others; **lo** — the remainder, the rest
demasiado too, too much
demonio devil; — **de la guarda** guardian devil
dentro (de) inside; within
depender (de) to depend (on)
derecho right; straight; *m.* right
desacreditar to bring discredit on
desafío dare, challenge
desahogarse (de) to unburden, unbosom oneself (of)
desahuciado deprived of all hope, annihilated; castoff
desangrar(se) to bleed (to death)
desaseo uncleanliness
desavenido incompatible
descalabrar to hit in the head
descalificado worthless person
descansar to rest
descanso rest
descompuesto upset, exasperated
desconcertar to baffle
desconocido stranger; unknown (person)
descubrir to discover; —**se** to take off one's hat

descuidar to neglect
desde from, since; **— niña** ever since I was a little girl; **— que** (ever) since
desdén *m.* contempt
desdicha misfortune
desdichado unfortunate, wretched; *m.* wretch
desecar to dry, dry up
desencajado inarticulate; discomposed
desenfrenado loose; reckless
desentenderse (de) to free oneself (from)
deseo desire
desesperación desperation, despair
desfallecer to faint, grow weak
desgarrar to tear, rend
desgracia misfortune; **por —** unfortunately
desgraciado unfortunate, disgraced
deshacerse (en) to melt, burst (into)
deshecho utterly exhausted
desierto desert
designio design, purpose
desmedidamente excessively
desnudar to lay bare; to undress
desnudo naked, bare
desolación intense grief, affliction
desolado desolate; disconsolate
despachar to send off, send away, dismiss; **despachemos** let's talk no more about it
despacho office; gentleman's study
despavorido horrified, terrified
despedir to send forth; to send on a journey; **—se de** to take leave of, say good-by to
despertar to awaken, arouse
despiadado pitiless
despojo remains
despreciar to despise
destino destiny; end
desventura misfortune
detener to stop; to keep back, hold back

detrás (de) behind
deudor *m.* debtor
devorar to devour
diablo devil
diaconisa deaconess (lay worker in church)
diario daily; **a —** day after day; **para —** for daily use
diatriba diatribe, outburst
dictar to suggest, inspire
dicho saying
difícil difficult
digno worthy
dinero money; **en teniendo —** when one has money
diócesis *f.* diocese
Dios God; **por —** For Heaven's sake
diosa goddess
dirigir to address
discípulo -a disciple, pupil
díscolo wayward; mischievous
disculpar to pardon; to excuse
discurrir to discourse; to reason
disfrutar (de) to enjoy
disminuir to diminish, lessen
disoluto dissolute, immoral
disparatado nonsensical
disposición disposition, disposal
dispuesto willing; prepared
distinguirse to distinguish oneself; to show preference for
distraer to distract
divertir to entertain
doblar to bow
doctor *m.* teacher; sage
doctorcilla smart little girl
doler to hurt; to grieve
doloroso painful; pitiful; **Dolorosa** Sorrowing Mary
domeñar to dominate; to master
don (doña) titles used with given names
dorado golden
dormido asleep
dormirse to go to sleep, fall asleep

109

dotar to give a dowry to
dote *m. and f.* dowry
duda doubt; **sin — alguna** without the slightest doubt
dudar to doubt
duelo duel
dulce sweet
duque *m.* duke
duquesín *m.* (*derogatory*) insignificant little duke
durante during
duro Spanish silver coin worth five pesetas

e (*before* **i** *and* **hi**) and
eclesiástico ecclesiastic (pertaining to the Church)
eco echo
echar to throw; to stretch out; **—se** to get involved; **—se a** to burst out; **echárselas de** to boast of being
edad *f.* age
educado well-bred
efectivo effective; real, actual
efecto effect; **de muy mal —** in very poor taste; **en —** as a matter of fact
egoísmo selfishness
ejemplo example
ejercer to exercise; to exert
ejercicio exercise
el: — de that of, the one of; **— que** he who
elevar to raise, elevate
embarazada pregnant
embarazo pregnancy
embargo: sin — nevertheless
embobecimiento fascination
emborrachar to intoxicate
embriagado transported, enraptured
embromar to tease; to joke with
embrutecerse to grow stupid; to become brutish
embuste *m.* lie
empeñarse (en) to insist (on)

empeorar to grow worse
empezar to begin
empobrecer(se) to become impoverished
emprender to undertake; to set out
enamorado (de) in love (with)
enamoramiento love; falling in love
enamorarse (de) to fall in love (with)
encantado delighted
encanto charm, appeal; "sweetheart"
encañada gorge
encargo assignment, job
encariñarse (con) to become fond (of); to become attached (to)
encender(se) to kindle; to burn; to stir up
encendido burning, on fire
encerrarse to lock oneself up
encima (de) on top (of); **por —** above
encinta pregnant
encomendar to commend, entrust
encontrar to find; **—se con** to meet; **— se con que** to discover that
encubrir to conceal
encuentro encounter
endemoniado possessed of the devil
enfermarse to become ill
enfermedad *f.* illness
enfermo ill, sick; *m.* patient; **los —s** the sick
enfrente opposite, in front
engañar to deceive
engaño deceit, fraud
enhiesto standing erect
enjugar to wipe; to dry
enloquecer to madden; **—se** to become insane
enmienda amendment, correction
enredarse (con) to have an affair (with)
enredo entanglement, complication
enrojecido reddened
ensangrentado covered with blood
enseñar to teach; to show

ensueño (day)dream; illusion
entender to understand; dar a — to make (someone) understand; —se con to come to an understanding with
entendido very well! bien — to be sure, of course
enterarse (de) to become aware (of); to find out
enterrar to bury
entonar to intone; to sing
entonces then; in that case; por — at that time
entontecerse to become stupid, become backward
entrada admission, entry
entramparse to run into debt
entrañado intimate; deep-felt
entrañas entrails; heart; con todas las — with all my heart
entrar to enter; to return
entre between; among
entreabierto half-open
entrecejo space between eyebrows; frown
entrecortado halting
entregar to hand over; to surrender
entremés m. intermezzo; interlude
entrever to glimpse; to suspect
entrevista meeting, encounter; interview
entristecerse to become sad
envalentonarse to take courage; to become bold
envanecerse to boast; to swell with pride
envejecer to grow old; to age
envidia envy
envidiar to envy
epílogo epilogue, closing, ending
episcopal episcopal (pertaining to a bishop)
época period, time
equivocarse to be mistaken
era threshing floor

erguido erect, straight
ermitaño hermit
erudición learning
escandalizar to shock
escapar to escape; se le escapó he exclaimed without thinking
escena scene
esclavo enslaved; m. slave; esclava slave girl
escoger to choose
escoltar to escort; to accompany
escrito writing; document, manuscript
Escritura Scripture
escrudiñadero comprehensible; no — inscrutable, unfathomable
escudo shield
escuela school
ese adj. that; ése pron. that one; eso de that business of, that matter of
esforzarse (en) to exert oneself; to endeavor
espacioso extensive
espada sword
esparcir to scatter, spread
especial special; en — especially
especie f. type, kind
especular to speculate
espejar to mirror, reflect
esperanza hope
esperar to wait for; to expect; to hope (for)
espeso heavy; dense
espetar: —le a uno (una cosa) to spring something on someone; to say something unexpectedly
espiar to spy
espíritu m. spirit
espléndido splendid
esquina corner; angle
estado state
estallar to burst; to break forth
estallido outburst
estancia (sitting) room
este adj. this; éste pron. this one, the latter

estercolero dunghill
estertor *m.* stertor (deep snoring)
estimar to esteem; to regard; to consider
esto this; — **o lo otro** this or that
estrella star
estremecer(se) to shake, tremble
estrenar to wear (or use) for the first time
estropearse to ruin oneself
estudiantillo (*derogatory*) *dim. of* **estudiante**
estúpido stupid; *m.* fool
eterno eternal
evangélico evangelic, spiritually minded
evangelio gospel
evitar to avoid
exacerbarse to grow worse; to become intense
exacto precisely
exaltarse to become excited
exánime spiritless
exasperarse to become exasperated
excitar to arouse
exclamar to exclaim
exigir to demand
expectativa expectation
explicación explanation
explicar to explain
exponer to expose
extraño strange
extremar to go to extremes; to take special pains

fácil easy; likely
facultativo physician, specialist
falda slope
faldero: perro — lap dog
falta lack; **hacer** — to be needed, be necessary
faltar to be lacking, be missing; to be unfaithful; — **a** to break a promise; **¡no faltaba más!** the very idea!

fama fame, reputation
fantasmático ghostlike
fantoche *m.* puppet
farsa farce
fe *f.* faith
febril feverish, feverishly
fecha date
felicidad *f.* happiness
felicitar to congratulate
feligrés *m.* parishioner
feroz ferocious, fierce
fervoroso fervent, fervid
fiesta festivity; entertainment
figurarse to imagine; **¡figúrate!** just think!
fijamente firmly, with determination
fijar to appoint; —**se** to consider; to pay attention
fin *m.* end; intention; **al (en, por)** — finally; at the end; after all
final *m.* end
fingir to pretend
firmar to sign; to seal
fiscal *m.* prosecutor
fluir to flow
fondo depth; deep; background
forastero stranger, outsider
forma host, consecrated communion wafer
formal serious; **novio** — fiancé
forzar to force; to force open
fraguar to forge, to make or create
francés French
frase *f.* phrase
fraude *m.* deceit, fraud
frecuencia frequency; **con** — frequently
frecuentar to frequent
frenesí *m.* frenzy
frenético frantic
frente *f.* forehead
fresco fresh
frivolidad *f.* frivolity; insignificant matter
frotar(se) to rub; to chafe

fruncimiento frowning
fuego fire
fuente *f.* fountain
fuera (de) outside (of); **— de sí** beside herself
fuere (*fut. subj. of* ser): **lo que —** whatever (it) may be
fuerte strong
fuerza strength; **a —** by force of
fuese: — como — no matter how; **— por lo que fuera** in spite of it all
fuga flight
fugarse to escape, run away
fundar to found, establish
fundir to merge, fuse, blend
furia fury, rage; **— animal** animal-like fury

galanteo love-making
galerna strong northwest wind
gallina chicken; **siempre —** one tires of repetition
gallo cock, rooster
ganancia gain, profit
ganar to win; to earn; to gain; **—se** to win for oneself
gana desire; **tener —s** to desire; to be anxious
gasto expense
gata female cat
gemir to moan; to cry out
género kind, type
gente *f.* people
gesto gesture; look
golpe *m.* blow
gota drop
gozquecillo little yapping dog
gracia grace; wit; **hacerle a uno —** be pleasing to someone; **¡—s!** thanks!
grande big; large; great; **los —s** adults, grown-ups
grandemente considerably
gravemente gravely, seriously

gritar to shout; to exclaim
grito cry, shout
grosero coarse, crude
guardar to keep; **guárdatelo** keep it secret, even from yourself
guiar to guide
gusto pleasure; **a —** gladly

haber to have (*auxiliary verb*); **— de + infin.** to need to, have to, must; **había** there was, there were; **hay** there is, there are; **hay que** one must, it is necessary; **no hay quien** no one can, it is impossible (to)
habilidad *f.* skill
hábito habit, custom
habladuría gossip; idle rumor
hablilla gossip, story
hacendado property-owner
hacer to make; to do; to commit; **— caso** to pay attention; **— de** to act as, work as; **— falta** to be needed, be necessary; **no — sino** to do nothing but; **—se** to become; to make of oneself; **—se valer** to affirm one's worth; **hace algún tiempo** for some time (now)
harén *m.* harem
harto enough, plenty
hasta even, until; **— nunca más ver** good-by forever; **— que** until
hatito (*dim. of* hato) bundle; provisions
hay there is, there are
hazaña feat, exploit
hebra thread
hechizar to bewitch
hecho fact; deed, act; **lo —** the past; that which has been done
henchido (de) swollen (with)
herbario herbarium (a collection of dried plants)
heredar to inherit
heredero heir
hereje *m.* heretic

hermandad *f.* sisterhood; extremely close friendship
hermano *m.* brother
hermético tight-lipped, impenetrable
hermosura beauty
hiedra ivy
hielo ice
hija daughter; — **mía** my darling
hipo vehement desire
hipoteca mortgage; interest
histérico hysterical
hogar *m.* home
hoja page, sheet (of paper)
¡hola! hello!
holgura ease, comfort
hombrecillo (*dim. of* **hombre**) little man
hombro shoulder
hondo deep
hondura depth
honra honor
honrado honorable; chaste
honrar to honor
honroso honorable
hostia the host; communion wafer
hostigar to whip, lash
hostigo lash; beating of wind and rain
hoy today; — **por** — at the present time
hoz *f.* ravine, narrows
huelgo deep breath
huella footstep
huesa grave
hueso bone
huída flight
huidero fleeting
huir to flee
humilde humble
humillar to humble; to humiliate
humo smoke; **llenarle la cabeza de** — to put crazy ideas into one's head
hundir to sink

iglesia church

ignorar not to know —**se** to ignore; to be unknown
igual equal, alike; **me es** — it is all the same to me
ilustrar to instruct
ilustre illustrious
imagen *f.* image
impasible indifferent
impedir to prevent, keep from
imperio strong influence
imperturbable unshakable, serene, calm
impetuoso impulsive, violent
impío impious, faithless
imponerse to impose oneself
importar to matter; to be important
inadvertido unnoticed
incalificable unspeakable, totally unjustifiable
incapaz incapable
incertidumbre *f.* uncertainty
incipiente beginning, budding
incondicional unconditional
incorporarse (a) to become part (of)
incredulidad *f.* incredulity (indisposition or refusal to believe)
incrédulo unbeliever
indiano Spaniard returned from the Western Hemisphere with great wealth
indignarse (de) to become indignant, angered
indigno unworthy
indispuesto indisposed
indómito unruly
infame infamous, vile
infierno hell
infortunio misfortune
inmenso immense, vast
inmutarse to change countenance
inquietar to disquiet
inquietud *f.* uneasiness, restlessness
inquisidor *m.* inquisitor (member of an ecclesiastical tribunal for the discovery and punishment of heretics)

insensato foolish, blind person
insinuar to insinuate; to suggest
insistir to insist; **no me insistas** don't make an issue out of it
insondable inscrutable, unfathomable
instinto instinct, tendency
instrumento tool; **tomarle a alguien de** — to use someone as a tool
intentar to attempt
interesante interesting; *m.* person of interest (to others)
interesar to interest; —**se en (por)** to show an interest in
interioridades *f. pl.* family secrets, private matters
interrogar to question
interrumpir to interrupt
intimar (con) to establish a close friendship (with)
intimidad *f.* intimacy
íntimo intimate; innermost
inútil useless
invocar to invoke
ir to go; —**se** to go away; to walk out
irradiar to radiate
irritarse to become irritated, annoyed

jactancia boastfulness
jactarse de to boast of
jamás never
jarro pitcher; **a boca de** — without moderation; when least expected
jefe *m.* leader
júbilo jubilation, rejoicing
juego game; play
juez *m.* judge
jugar (a) to play (at)
jugo juice, substance
juguete *m.* toy
juicio judgment
juntarse to rejoin, reunite
junto: — **a** near, next to, close to; —**s** together
juramento oath

jurar to swear
justo right; fair
juzgar to judge

labio lip
labor *m.* work, especially farm work
labrar to carve
lado side
lago lake
lágrima tear
laico lay, laic
lana wool; **perro de** —**s** poodle
laña clasp, clamp, brace
largo long; **a lo** — **de** along
lástima pity
lección *f.* lesson
lector *m.* reader
lectura reading
lecho bed; floor
leer to read
lejanía distance, remoteness
lejos far; — **de** far from
lengua tongue; **guardar la** — to keep one's mouth shut
lento slow
leña kindling wood
leona lioness
letanía litany; solemn prayer
levantar to raise; —**le a uno los cascos** to make one's head spin; —**se** to rise; to get up
leve slight, subtle
ley *f.* law
leyenda legend; rumor
libertar to liberate
librar to free; to remit
libre free
licencia permission
limpio clean; clean-cut; neat
linajudo highborn
lío entanglement; muddle, mess
lo: — **de** the matter of; — **que** that which, what; **con** — **que** with which
lóbrego gloomy

loco mad, insane; *m.* insane person, lunatic
locura madness, insanity
locutorio locutory, reception room
lograr to achieve; to succeed
lonja open court (at entrance of many Spanish houses)
lúcido lucid; sane
lucir to show off; to display
luego then; thereafter; — **de** right after; — **que** as soon as; after
lugar *m.* place; **haber** — to take place; — **común** commonplace
lujo luxury; **de** — de luxe, uncalled-for
lumbre *f.* light; splendor
luna moon
luz *f.* light

llama flame
llamada call
llamado called, so-called
llamar to call
llanto tears; crying
llanura plain
llegar to arrive; reach, come; — **a** + *infin.* to get to; to go so far as to; —**se a creer** to reach the point of believing
llenar to fill
lleno full, filled
llevar to take; to carry; to wear; —**se las miradas de todos** to command all eyes
llorar to cry, weep
lloro weeping, crying; tears

madrugada dawn
maestro (-ra) teacher; **Maestro** Master, Lord
magnífico magnificent
majadería stupidity, annoyance
majadero dunce
mal badly; *m.* ailment, illness; evil; **de** — **en peor** from bad to worse
maldecir to curse

maldiciente *m.* slanderer
maldición curse; damnation
maldito cursed
maledicencia gossip, slander; scandal
malherido badly wounded
malo bad, evil; ill
manchar to stain, soil
mandar to send; to command
mandato command, order
manejar to manage, handle
manera manner
manicomio insane asylum
mano *f.* hand; **tener a la** — to have in readiness
mantener to support; to maintain
manualmente manually; with one's hands
mar *m. or f.* sea
maravilla wonder, marvel
maravilloso marvelous
marcar to mark; to lay out
marido husband
marisabidilla female intellectual, girl genius
marmóreo marble-like
marqués *m.* marquis
mártir *m.* martyr
martirio martyrdom
mas but (used only in literary expressions)
más more, most; — **bien** rather, instead; **no** — **que** only; **es** — besides, furthermore; **los** — **de** the
matar to kill
mayor greater, greatest; older; major; **misa** — High Mass
mayormente chiefly, mainly; especially so
media: a —**s** partially
médico physician; — **alienista** psychiatrist
medida measure
medio means, way; **en** — **de** in the middle of
medir to measure

116

medrar to grow, thrive; **se me medró** grew more and more within me

mejor *adj.* better, best; *adv.* rather; **lo —** the best thing (to do)

memoria memory; memoir; reminiscence

memorialista *m.* secretary, scribe

menester *m.* occupation; **ser —** to be necessary

menesteroso needy person

menguar to diminish

menor smaller, smallest; less, lesser; younger

menos less, least; **al (por lo) —** at least; **ni —** even less (so); **venir a —** to be (become) impoverished

mente *f.* mind

mentecato nitwit, simpleton

mentir to lie

mentira lie

menudo small, slight; **a —** often, frequently

mequetrefe *m.* dolt

merced: — a thanks to, owing to

merienda light meal

mérito merit, value

meseta plateau, tableland

meter to place; to cast; to lead

mezclar to mix; to combine; **—se** to be involved

michino (michito) pussy cat

miedo fear; **tener —** to be afraid

milagro miracle

mimar to pamper, indulge; to spoil

minar to consume; to destroy

mío: los —s my people

mirada look, glance

mirar to look at; to consider; to mirror, reflect

misa Mass; **— mayor** High Mass

mismo same; self, own; very; **lo —** the same (thing); **lo — que** just as; **uno —** one and the same

mocerío young people, crowd of young people

mocita *dim. of* **moza**

modista dressmaker

modisto ladies' tailor

modo manner; **a — de** like; in the manner of; **a su —** in his own way **de — que** so, then; so that; **de otro —** otherwise; **de todos —s** anyway, either way

Moisés Moses

molestar to annoy, disturb

monja nun; **ir —** to enter a convent

mono (-a) monkey

montaña mountain

montañés of the mountains, from the mountains

monte *m.* mountain; wild country

morder to bite

morir to die

moro Moor

morriña longing, nostalgia

mortificar to mortify

mortuorio mortuary (pertaining to the dead)

mostrar to show, manifest

móvil *m.* motive

mozo boy, young man; **moza** girl, young girl

mucho: por — que + subj. no matter how, however much

mueble *m.* piece of furniture

muerte *f.* death; **de —** deadly, deathly; **lecho de —** deathbed

muertito (*dim. of* **muerto**) half-dead

muerto dead; *n.* dead person; **después de —** after death; **horas muertas** long hours of inactivity

mujer woman; wife

mujeruca old woman

mundo world

murmurar to whisper

nacer to be born; to arise; to dawn

nacimiento birth

nación *f.* nation; **de —** from birth, ever since he had been born nada nothing; anything; — más que only; — más que por just because of

naturaleza nature

navaja blade, razor

necedad *f.* nonsense, foolishness

necesitar to need

negar to deny; to refuse

negocio business; agente (*m.*) de —s broker

negro black

negrura blackness

nena baby (girl)

neófito neophyte, novice

neurastenia neurasthenia (nervous disorder)

nevada snowfall

nevar to snow

ni not even, nor; — . . . — neither . . . nor; — mucho menos far from it

nieve *f.* snow

ninguno (ningún) no, none; not any

niñez *f.* childhood

niño (-a) child; de — as a child

noche *f.* night; de — at night

nocivo harmful

nogal *m.* walnut tree

nombre *m.* name; ¡lo que hace un —! think of the power of a name!

nota note, annotation

noticia news; information

novedad *f.* news

novelería worthless fiction (and behavior based thereon)

novelesco romantic; novelistic; fictional

noviazgo courtship

novio boyfriend; — formal fiancé

nube *f.* cloud

nuestro: lo — ours; what we are doing; los —s ours; our own people

nueva news

nuevamente again

nuevo new, latest; de — again

nuez *f.* walnut; nut

obispo bishop

obligar to force, compel

obra work, deed

obrar to act

obstinarse (en) to persist (in)

ocaso decline, decadence

ociosidad *f.* idleness

ocioso idle, idly

ocultar to hide, conceal

ocurrir to occur, happen; ocurrírsele a uno to occur to one

odioso odious, hateful

oferta offer

oficiar to officiate; to celebrate Mass

oficio function

ofrecer to offer

ogro ogre, monster

oído ear; hearing; al — in (into) the ear; whispering

oír to hear; to learn; al oírselo on hearing him speak that way

ojo eye; ¡— con . . . ! look out for . . . !

oler to smell; to perceive

olvidar to forget; —se de to forget

olvido oblivion, forgetfulness

ondear to heave; to pant

opinar to judge, have an opinion

opio opium

oponerse (a) to object, be opposed (to)

oración *f.* prayer

ordenar to command

ordinariez *f.* coarseness, vulgarity

oreja ear, outer ear

orgullo pride

origen *m.* origin

orilla shore; — de along the shores of

oscuro dark

ostentación *f.* display

otro other, another; another person; lo — de the other statement

oveja sheep

pabellón *m.* pavilion
Pablo Paul
padecer to suffer
padre *m.* father; pl. parents
Padrenuestro Our Father, Lord's Prayer
padrino witness, second (in a duel)
pagar to pay; to reward
página page
palabra word
palidecer to turn pale
pálido pale
palillo drumstick
pan *m.* bread
papel *m.* paper
para for; to; in order to; — **con** toward; — **que** so that, in order that; ¿ — **qué?** what for?
paradero whereabouts
paraíso paradise
parar to stop; — **el golpe** to avoid the blow; **venir a** — **a las manos de uno** to come into one's possession; —**se** to come to a stop
parecer to seem; —**se a** to resemble; ¿**qué se parece mucho a . . .?** so it resembles a great deal . . .?
parecido similar, like
pared *f.* wall
pariente *m.* relative
párroco parish priest
parroquia parish; parochial church
parte *f.* part; **de mi** — from me; for (on) my part; **de** — **de** on behalf of; **por su** — on his part
particular point, item
particularidad *f.* peculiarity
partida game
partir to depart; to split
pasado past; **lo** — that which has happened; — **mañana** the day after tomorrow
pasar to pass; to hand over; to spend; to happen; — **por** to pass for
pasear to walk about

paseo walk, stroll
pasión passion
paso step
pasto pasture; nourishment
patada kick
patán *m.* boor; peasant
patético pathetic, touching, woeful
patraña hoax; silly gossip
patrono patron saint
pava: pelar la — to make love, to court
pavoroso frightful, terrible
payaso clown
paz *f.* peace
pecado sin
pecador (-ora) sinner
pecho breast, courage
pedazo piece
pegar to stick; to paste; to tie; to slap; **pegársela a uno** to make a fool of someone; **todo se pega** it's catchy
pelar: — **la pava** to make love, to court
peligro danger
peligroso dangerous
pelo hair
pelota ball
pena grief; affliction; **da** — it makes one suffer
penetrante penetrating, piercing
penetrar to penetrate; to permeate
pensamiento thought
pensar to think; to intend; to expect
pensativo pensive, thoughtful
peña rock, boulder
peor worse, worst; **de mal en** — from bad to worse
pequeñuelo little boy
percatarse (de) to be (become) aware (of)
perder to lose; to ruin; to destroy; **se me pierde** is lost to me; —**se** to go astray
perdonar to pardon, forgive; **por perdonado** it is forgiven

perdurable everlasting
peregrinación pilgrimage; wandering
perjuicio injury
perlesía paralysis
permanecer to remain
perpetuo everlasting
perrita little female dog
perro dog; — faldero lap dog
persecución persecution (complex)
persecutorio persecuted; manía persecutoria obsesssion of being persecuted
perseguidor (-a) persecutor
perseguir to persecute; to pursue
pertenecer to belong
pesadilla nightmare
pesadumbre f. weight; sorrow
pesar: a — de despite
peso weight
pestaña eyelash
petición request
petulante insolent
piadoso pious
picacho peak, top
pie m. foot; a — on foot
piedad f. piety; pity
piedra stone; — de toque touchstone,
 criterion
pienso: ni por — by no means;
 never!
pingo rag; cheap object
piscina pool, pond; — probática washing-pool, fountain. See John 5:3–4
piso floor
pitoche m. (pito) whistle; no dársele a
 uno un — de to not care a damn for
plaza square
plazo term; time limit
plebeyo plebeian, uneducated
plenilunio full moon
plenitud f. plenitude, fullness
pleno full
pobre n. poor fellow
pobrecillo (pobrecito) (dim. of pobre)
 poor little thing, poor little child

pobreza poverty
poco little, a little; pl. few; — a
 — little by little; — inteligente
 not very intelligent
poder to be able; can; m. power
poderoso powerful
poner to put, place; — celoso to
 make jealous; —se to put oneself,
 place oneself; to become; —se a
 to begin, set out to
por by; through; for; by way of;
 — + infin. still do . . . ; — mí as
 far as I am concerned; — . . . que
 no matter how; ¿ — qué? why?
 — si just in case
porte m. bearing
porvenir m. future
posada inn
poseer to possess
postre m. dessert
potentado potentate, sovereign
precio price
precipitarse to rush, hasten
predicar to preach
prefacio preface (part of the Mass
 which precedes the Canon)
pregunta question
prensa press; journalism
preocupación worry, preoccupation
preocupar (se) to worry; to be concerned
presbiterio chancel
presentir to have forebodings
presidio penitentiary
preso imprisoned; arrested; m. prey
prestamista m. or f. moneylender
préstamo loan
prestar to lend; — oídos to pay
 attention
presunto supposed
pretender to try, seek, endeavor
pretendiente m. suitor
primero adv. first, at first; lo — the
 thing, the most important thing
principio beginning; en un — at

first; **desde un —** from the very start

pringue *m. or f.* grease, sticky dirt

privar to deprive

probar to test; to try; to taste; to prove

probático: piscina probática washing-pool, fountain. See John 5:3–4

procedencia origin

procurar to try

prodigar to lavish

profundo deep

progresista progressive

prohibir to forbid

promesa promise

prometer to promise

promisión promise

promover to advance; to promote (a cause)

pronto soon; **de —** suddenly

proponer to propose

propósito intention, aim; proposal; **a — de** in reference to

proseguir to continue

provecho benefit, profit

provocar to provoke

próximo nearby

prueba proof; **en — de** as proof of

pudrir to rot

pueblo village, town; people

puerta door

pues then, so, since, because, for; well! **— bien (bueno)** well, then; **— que** since

pulcritud *f.* tidiness, cleanliness

pulirse to take on polish

punto point; **a tal — (que)** so much so (that); **al — de** immediately upon; **en — a** with regard to

puño fist

que who, which, that; *conjunction* because, for; **— venga** let him come; **el —** the fact that; **es —** the fact is; **a lo — se dice** according to rumor

¿qué? what? which? **¿a —?** what for? **¡qué!** how! what (a)! **¡y —!** so what?

quebrantar to crush, shatter

quedar to remain; to be left; to agree; **—se** to remain; to stay behind

queja complaint

querer to want; to love; *m.* love; **quieras que no** whether you like it or not; **si quieres** if you prefer; **sin —** without wanting to

querido beloved

quietud *f.* stillness

quitar to take away; to remove

rabia rage, anger

rabiar to rage, rave

raíz *f.* root

raro strange

rato short while, moment

rayo ray, beam

raza ray of light

razón *f.* reason; reasoning; **tener —** to be right

recalcar to emphasize; to endorse

recatar to hide, conceal

reciente recently; **recién viuda** just widowed

recio strong; energetic

reclinar to recline; to rest

recobrar to recover

recoger (recojer) to pick up; to take in; to bring home; to gather

recomenzar to start all over again

reconcentrado intense, absorbed

recóndito hidden

reconocer to recognize

reconocimiento medical examination

recordar to recall, remember; to remind

recorrer to go through; to circulate

recrearse to amuse oneself

recuerdo memory

rechazar to reject, repel; to decline

redacción wording

121

redactar to word, write up
redención redemption
redentor *m.* redeemer
redimir to redeem
redondo round; pronounced
reducir to reduce, subdue
reflejar to reflect
refulgente dazzling, brilliant
regalar to give, present; —**le a alguien los oídos** to make a pleasing statement to someone, to flatter; —**se** to regale oneself, treat oneself
regla rule; **en** — in due form
regocijo rejoicing, cheer
regodearse to take delight
regresar to return
rehusar to refuse
reino kingdom
reír to laugh
reja grating; **nada de** — no courtship, courting (at, below) the grating
relación relation; secret meeting
relámpago lightning, flash of lightning
relato telling, narration
religiosa nun
reliquia relic
relucir to glow, shine
remansarse to stop flowing; to eddy
remanso backwater
remate *m.* conclusion; **de** — hopeless(ly), utter(ly)
remendar to mend, patch
remordimiento remorse
renatense *m.* inhabitant of Unamuno's fictitious town of Renada
rendido submissive; exhausted
rendirse to surrender
renovar to renew; to renovate
reo criminal; offender
reparar (en) to pay attention (to)
repartir to distribute; —**se** to divide up
repetir to repeat
replicar to reply

reponerse to recover (one's composure)
reportarse to control oneself
reposar to lie; to rest
reprender to reproach
representar to perform
repugnante repugnant, highly offensive
res *f.* head of cattle
resabio aftertaste; vestige
resaltar to stand out
rescoldo embers
resignarse to resign oneself
resonar to resound
respecto respect, reference; — **a** concerning, regarding; **al** — in that connection
respeto respect
respetuoso respectful
respirar to breathe
respiro breath
responder to reply, answer; — **de** to be responsible for
resucitar to resurrect, return to life
resuelto resolved, decided
resultar to result; to turn out to be
retazo piece, remnant
retener to retain
retirar(se) to withdraw, retire
retratar to portray
reunir to gather, bring together
revelar to reveal
reventar to burst; to break
revoltijo jumble, mess
revuelto disordered, scrambled
rezar to pray
ribera shore
rico rich; dear, darling
rincón *m.* corner
río river
riqueza wealth
risa laughter
risotada boisterous laughter, guffaw
rito rite
rizar to ripple

rizo rippling
robar to rob; to abduct, elope with
roca rock
rocío dew
rodear to surround
rodilla knee; de —s kneeling
rogar to beg, request; to pray;
  hacerse de — to insist on being
  coaxed
romper to break; to burst forth
rondar to go serenading; to walk
  around
ropa clothing
ropero wardrobe
rosado rose-colored, rosy
rosario rosary
rostro face
roto tear (in one's clothing)
ruego supplication; prayer
ruralización ruralization, rusticity
rústico rustic, country-style

saber to know; to find out; to hear of
sacar to get out, take out, remove
sacerdocio priesthood
sacerdote *m.* priest
saciarse to become satiated
sacristán *m.* sacristan, sexton
sagrado sacred, blessed
sal *f.* salt
salir to come out, go out; to appear;
  to result; — con doble ganancia
  to profit twice; —se to leave; to
  disappear
salpicar to splash, bespatter
saltar to spurt, gush out
salto waterfall, cataract
salud *f.* health
salvage (salvaje) savage, wild
salvar to save
salvo unmentioned; a — out of danger, safe
sancionar to sanction
sangre *f.* blood
sano healthy; right

santidad *f.* saintliness, holiness
santo saint; saintly, holy, blessed;
  Viernes Santo Good Friday; día
  de — saint's day
sastre *m.* tailor
satisfacción satisfaction, reparation
satisfacer to satisfy
sazonar to reason
sea: — como — no matter how, at
  any cost; ¡y que — Vd.! and to
  think it is you
secar(se) to dry, dry up
seco dry
sed *f.* thirst
seguida continuation; a — thereafter; followed by; en — immediately
seguir to follow; to go on, continue;
  — atento to follow with interest
según as, according to
seguridad *f.* certainty
seguro certain, sure
sellar to seal; to cover, close
semana week; Semana de Pasión
  Holy Week
semejante similar; — cosa a thing
  such as that
semi: — -cerrado half-closed
sencillo simple; simple-minded, innocent
sendero path
seno bosom
sentarse to sit down, be seated
sentido sense; sentiment
sentimiento sentiment, feeling
sentir to feel; to feel sorry, regret;
  —se to feel (well, ill, etc.)
seña sign
señal *f.* sign, evidence
señalar to point at, point out; to
  show
señor lord, master; gentleman; —
  marido husband (respectful reference); Señor Lord
señoritingo (*scornful*) lordling

123

sepa: que yo — as far as I know
separarse to separate
sepultar to bury
sepultura grave
ser to be; *m.* being
serio serious; en — seriously
servir to serve; — de to serve as;
—se de to make use of, utilize
sesentena sixty years
seso brain; levantarle a uno la tapa
del — to blow out someone's brains
si if, whether; pero — yo ... why,
I didn't ...; por — just in case
sí himself
sí yes; indeed; — que certainly;
yo — (que) I do, I certainly do
siempre always; para — forever
siguiente following
silencioso silent
sillón *m.* armchair
sima abyss, chasm
simpático likable
sindicate syndicate, (labor) union
sino unless, except, but; no hacer —
to do nothing but; no querer —
to want only to; — que but also,
but even
siquiera even; at least; ni — not even
soberbia pride
sobre concerning, about
sobrecogido overwhelmed, terrified
sobrehaz *f.* surface
sobrino nephew; —s nephew(s) and
niece(s)
sociedad *f.* society
sol *m.* sun
solamente only
solar *m.* lot, ground
solas: a — alone by oneself
soledad *f.* solitude, loneliness
soler + *infin.* to be in the habit of,
be accustomed to
solicitar to court
solo alone; single; en una sola voz
in one voice, all together

sólo only; no — ... sino también
not only ... but also; tan — only,
just
soltero single, unmarried
solucionar to solve, reslove
sollozar to sob
sollozo sob
sombra shade, shadow
someter to subject
son *m.* sound; manner; en — de in
the manner of
sonámbulo sleepwalker
sonar to sound, ring
sonreír to smile; —se to smile to
oneself
soñar to dream
soportar to endure
sorna cunning
sorprendente surprising, astonishing
sorprender to surprise
sospechar to suspect
sostener to support
subir to climb
subyugar to subjugate
suceder to happen
sucio dirty
sucumbir to succumb; to yield,
submit
suelo floor; ground
sueño dream
suerte *f.* luck; fate; ni de — not
even by chance
sufrir to suffer
suicidarse to commit suicide
sujeto individual
sumergir to submerge
sumisión submission
sumiso submissive, smothered
suponer to suppose
supuesto: por — naturally, of course
surgir to arise
suspirar to sigh
sustituir to substitute
susurrar to whisper
susurro murmur

suyo: los —s his own; those dear to him

tabla board, plank
tacaño stingy, miserly
tal such, as; **— vez** perhaps; **— y como** exactly as
tallar to carve
también also, too
tamboril *m.* small drum
tan so, such; **— . . . como** as . . . as; **y — possible** it is very possible, indeed
tanda turn; shift
tanto *adj.* so much, as much; **—s** so many; *adv.* **— . . . como** both . . . and; **en —** in the meantime
tapa top, lid
tarde late; *f.* afternoon
tarea task
taza cup
té *m.* tea
teatro theater; **— clásico** classical theater (referring to the Spanish drama of the 17th century)
tedio weariness
temblar to tremble
temblor *m.* shaking, trembling
tembloroso shaking, tremulous; tremulously
temer(se) to fear
temor *m.* fear
tempestuoso stormy
templar to calm, soothe
templo temple; church
temporada season
temporadita (*dim. of* temporada) short spell
temporal temporal; worldly (as opposed to spiritual)
temprano soon; early
tender to stretch out; **— la mano** to offer one's hand
tenebroso dark, gloomy
tener to have; to hold; to regard,

consider; **— que +** *infin.* to have to; **— . . . años** to be . . . years old; **— celos** to be jealous
tenorio lady-killer, lady's man
tentación temptation
teocracia theocracy (government by the Church)
término end; term
terneza tenderness; words of tenderness
terreno terrestrial, pertaining to this world; *m.* terrain
tesoro treasure
testigo witness
teta breast, nipple
tía aunt; old woman
tiempo time; **a — que** at the time that; **hacía — que** for some time (now)
tierra earth; land
tila linden blossom
tinieblas *f. pl.* darkness, gloom
tirano tyrant
tití *m.* pet monkey
titiritero puppet show player; acrobat; juggler
título title
toca ornament
tocar to play; to touch
todo all, everything; **del —** entirely, completely; **sobre —** above all; *pl.* everyone
todopoderoso almighty, all-powerful; **el Todopoderoso** Almighty God
tolerar tolerate
tomar to take, take on; to drink; **¿por quién me has tomado?** who do you think I am? **— talento** to get clever
tono social behavior; **estar a —** to conform to accepted standards
tontería foolishness, nonsense
tonto foolish; *m.* fool
topar (con) to meet unexpectedly, run into

125

toque *m.* touch; **piedra de —** touchstone, criterion
tormenta tempest
torno: en — around, about
torpe clumsy, awkward
torrentera ravine, bed of a torrent
torturar to torture, torment
total complete, absolute
tozudo stubborn
trabajar to work; to perform
traer to bring; **— un lío con** to engage in an (irregular) affair
traficar to trade
tragar to swallow
traidor treacherous
traje *m.* suit, dress
trampa trap; bad debt
tranquilo calm
transcurrir to continue; to take place
transfigurarse to become transfigured
tránsito dying, passing
transitorio transitory, brief
transparentar to show through
transporte *m.* ecstasy
trapo rag; *pl.* duds
tras in addition to; behind
traspasar to pierce; to cross; to penetrate; to convey; to put (on paper)
trastornar to make dizzy; to disturb, upset
tratamiento treatment
tratar to deal with; to treat; **— de** to try to, attempt; **—se** to have contact with; **—se de** to be a matter of
trato friendly relations; relationship
través: a — de through, across
trazar to trace, draw
trilla threshing
trillar to thresh, thrash
tripa tripe, gut
triste sad
tristeza sadness
triturador crushing, grinding
triunfador triumphant; triumphantly

triunfo triumph
trocarse to change
trompada blow; punch
tronco trunk
tumba tomb, grave
turbación confusion
turno turn, shift
tutear to address in the second person singular (**tú, te**); to be on close terms with
tuyo: lo — your condition (trouble, problem)

último last, final; **por —** finally, at last
ultramuerte beyond death
ultratumba beyond the grave
unanimidad *f.* unanimity; harmony, agreement
uncir to yoke
único only; only one; **lo —** the only thing
unir to unite, join
unísono unison; **al —** in unison
uno one; **a una voz** in one voice; together; *pl.* some; **—s cuantos** some, a few

vacilar to hesitate
vahído fainting spell, dizziness
valer to be worth; **hacerse —** to affirm one's worth; **vale más** it is better
valor *m.* worth
valle *m.* valley; vale
¡vamos! come now! indeed!
varios several
varón *m.* man; man of standing
¡vaya! well, now!
ve *familiar imp. of* **ir: ¡ —te!** go away!
velado veiled
vencer to conquer
venda blindfold; blindness; **caérsele a uno la — de los ojos** to gain understanding; to see the light

vender to sell
veneno poison
venenoso poisonous
venganza revenge, vengeance
venidero coming; mundo — future world
venir to come; — a menos to be (become) impoverished; te vendrá muy bien (it) will do you a lot of good
venta sale
ventana window
ver to see; —se con to have a showdown with; ¡a —! let's see!
veras f. pl. truth; de — truly, in earnest; really
verdad f. truth; de — truly
verdadero true, real, genuine
versillo short verse
vestido dress
vestidura clothing
vestir to dress; to cover
vez f. time; turn; a la — at the same time; a (las) veces at times, sometimes; a su — in turn; alguna — occasionally, some day; otra — again, on another occasion; tal — perhaps; una — at one time, once; unas veces more than once
vicio vice
vida life
viejo ancient, old; m. old man; pl. old people
Viernes Santo Good Friday
vigilar to watch
vil vile, base

villa town
villano corrupt, debased; m. villain
vinillo (dim. of vino) weak wine
vino wine
vista sight; a la — de within sight of
viudo widower; viuda widow; recién — just widowed
viviente living
vivo living, alive
volar to fly; se casa volando she gets married in a jiffy
voluntad f. will; hágase tu — thy will be done
voluntarioso willful, determined
volver to turn; to return; to turn into; — a hacer algo to do something again; — en sí to come to one's senses; —se atrás to turn back, change one's mind; —se loco to become insane
voz f. voice; a media — in a subdued voice

ya already, now, finally; ¡—! I see! — no no longer; — que now that, since; — sabe Vd. you know well; no — not really, not only
yerba grass
yerto stiff, lifeless

zafio uncouth, coarse
zagala lass; shepherdess
zambullirse to hide; to become drowned out
zarcillo eardrop